Metodologia do Ensino na Educação Superior

Os volumes desta coleção trazem uma análise ampla e esclarecedora sobre os vários processos envolvidos no desenvolvimento das atividades que caracterizam a educação superior. São explorados os principais temas que devem ser profundamente conhecidos por professores e demais profissionais da educação nesse nível de ensino, desde os vinculados aos campos administrativo e político até os relativos à didática, à avaliação, à aprendizagem, à pesquisa e às relações pedagógicas. O objetivo é possibilitar que o leitor reflita criticamente sobre a constituição e o funcionamento da educação superior no Brasil.

Volume 1
Gestão da Instituição de Ensino e Ação Docente

Volume 2
Processo Avaliativo no Ensino Superior

Volume 3
Educação Superior Brasileira: Política e Legislação

Volume 4
Aprendizagem do Aluno Adulto: Implicações para a Prática Docente no Ensino Superior

Volume 5
Mediações Tecnológicas na Educação Superior

Volume 6
Pesquisa como Princípio Educativo

Volume 7
Relação Professor-Aluno-Conhecimento

Volume 8
Organização e Es

Marilise Monteiro de Souza Zoccoli

Editora Intersaberes

Educação Superior
Brasileira: Política
e Legislação

EDITORA intersaberes

Rua Clara Vendramin, 58 . Mossunguê
CEP 81200-170 . Curitiba . PR . Brasil
Fone: (41) 2106-4170
www.intersaberes.com
editora@editoraintersaberes.com.br

Conselho editorial
Dr. Ivo José Both (presidente)
Drª. Elena Godoy
Dr. Nelson Luís Dias
Dr. Neri dos Santos
Dr. Ulf Gregor Baranow

Editora-chefe
Lindsay Azambuja

Supervisora editorial
Ariadne Nunes Wenger

Analista editorial
Ariel Martins

Análise de informação
Silvia Mara Hadas

Revisão de texto
Monique Gonçalves

Capa
Denis Kaio Tanaami

Projeto gráfico
Bruno Palma e Silva

Iconografia
Danielle Scholtz

Dados Internacionais de Catalogação na Publicação (CIP)
(Câmara Brasileira do Livro, SP, Brasil)

1ª edição, 2012.
Foi feito o depósito legal.

Zoccoli, Marilise Monteiro de Souza
  Educação Superior Brasileira: Política e Legislação /
Marilise Monteiro de Souza Zoccoli. – Curitiba:
InterSaberes, 2012. – (Coleção Metodologia do Ensino na
Educação Superior, v. 3).

  Bibliografia.
  ISBN 978-85-8212-337-9

  1. Educação e Estado 2. Ensino superior – Brasil 3. Ensino
superior – Leis e legislação I. Título II. Série.

  12-09236   CDD-378.81

Índice para catálogo sistemático:
1. Brasil: Educação superior   378.81

Informamos que é de inteira responsabilidade da autora a emissão de conceitos.

Nenhuma parte desta publicação poderá ser reproduzida por qualquer meio ou forma
sem a prévia autorização da Editora InterSaberes.

A violação dos direitos autorais é crime estabelecido na Lei nº 9.610/1998 e punido
pelo art. 184 do Código Penal.

Sumário

Apresentação, 11

Introdução, 15

Impactos dos acontecimentos mundiais na sociedade brasileira, 19

1.1 O processo de industrialização mundial e a educação, 22

1.2 Características e fatores oriundos da globalização, 44

Síntese, 47

Indicações culturais, 48

Atividades de Autoavaliação, 48

Atividades de Aprendizagem, 52

A IES e as políticas educacionais no contexto brasileiro, 53

2.1 Os reflexos da modernidade e da reforma do Estado na política educacional, 55

Síntese, 95

Indicações culturais, 95

Atividades de Autoavaliação, 96

Atividades de Aprendizagem, 100

Aspectos estruturais do sistema de ensino no Brasil, 103

3.1 As IES na atualidade do sistema de ensino, 107

3.2 Níveis e modalidades dos sistemas de educação e de ensino, 108

Síntese, 116

Indicação cultural, 116

Atividades de Autoavaliação, 117

Atividades de Aprendizagem, 120

Aspectos da educação superior brasileira na CF e na LDBEN nº 9.394/1996, 121

4.1 Paradigmas legais da educação superior, 123

4.2 Recursos para financiar o ensino superior, 132

4.3 Avaliação da educação no ensino superior, 135

4.4 Credenciamento e recredenciamento das IES e cursos, 141

4.5 Autonomia das universidades, 144

4.6 Procedimentos pertinentes ao meio acadêmico, 147

Síntese, 149

Indicações culturais, 150

Atividades de Autoavaliação, 150

Atividades de Aprendizagem, 153

Políticas de formação de professores para o ensino superior, 155

5.1 Por uma política de formação de professores, 161

Síntese, 166

Indicação cultural, 166

Atividades de Autoavaliação, 167

Atividades de Aprendizagem, 169

Considerações finais, 171

Glossário, 179

Referências, 183

Bibliografia comentada, 205

Gabarito, 209

Nota sobre a autora, 215

Quero agradecer de forma muito especial à professora mestra Márcia Di Palma pelo convite e pela confiança em mim depositada para a elaboração deste material e por me proporcionar tamanho desafio.

Apresentação

Ao abordarmos a temática "educação superior brasileira: políticas e legislação", título e reflexão central deste livro, buscamos proporcionar a construção de uma compreensão sobre a constituição do ensino superior nacional, sobre sua trajetória, seus limites e seus desafios.

Nesse cenário, a análise dos diversos subtemas tem o objetivo de fornecer a estrutura necessária para que o leitor desenvolva a postura de pesquisador, bem como a postura investigativa, para compreender as diversas relações existentes nas políticas do ensino superior na sociedade contemporânea.

Devemos, portanto, destacar que o significado principal deste livro é ser um subsídio para entender as relações de reciprocidade entre as instituições de ensino superior (IES) e o contexto sociocultural contemporâneo. Iniciamos fazendo uma breve abordagem sobre o desenvolvimento histórico da economia, da política e da cultura europeia, para depois fazer a relação com o crescimento da educação na sociedade brasileira. E, sob essa perspectiva, a significação essencial desta obra é contribuir para um aprendizado realmente criterioso e para a construção constante do conhecimento.

Este material visa, portanto, auxiliar com o contínuo debate na educação, ou seja, criar espaços para a discussão e a reflexão sobre a educação superior no Brasil, ampliando a capacidade de articulação no ensino superior sob a perspectiva do aperfeiçoamento constante de cada um de nós.

Fiel a esse propósito, este livro foi organizado em cinco capítulos que têm como foco a lapidação da capacidade avaliativa frente aos desafios do processo de formação na contemporaneidade.

No primeiro capítulo, abordamos as transformações do mundo do trabalho na sociedade atual, que são impulsionadas pelos avanços científicos e tecnológicos como a biotecnologia e a telemática – que pôs o homem em contato, em tempo real, com outros países, possibilitando a informação e a interação entre os povos.

No segundo capítulo, discorremos sobre as relações de reciprocidade entre as instituições de ensino superior e os contextos social, cultural, político e econômico contemporâneos, apresentando as políticas educacionais, as reformas e as diretrizes para a educação, com base na perspectiva histórico-crítica. Nessa abordagem, vamos verificar como as políticas educacionais se estabeleceram no período do processo de industrialização e de que maneira a educação se compromete com as ideologias vigentes.

No terceiro capítulo, descrevemos a estrutura e o funcionamento da educação no Brasil sob a perspectiva histórica em uma rápida abordagem do sistema de ensino brasileiro como um todo.

A legislação específica para o ensino superior é vista no quarto capítulo. Destacamos a legislação educacional, o financiamento e a avaliação para o ensino superior, ou seja, a metodologia e os procedimentos do Sistema Nacional de Avaliação do Ensino Superior (Sinaes).

As políticas de formação de professores para o ensino superior compõem o quinto capítulo e encerram este livro, ao mesmo tempo em que convidam o leitor para repensar a prática profissional docente no ensino superior. O intuito dessa reflexão é superar os paradigmas conservadores de uma prática pedagógica fragmentada que não oferece ao docente, tampouco ao aluno, uma visão crítica de homem, de mundo e de sociedade, objetivando a busca contínua da cidadania com autonomia.

Ao final de cada capítulo, sugerimos a leitura de autores consagrados e respeitados, que certamente irão contribuir de forma mais detalhada para o entendimento das relações aqui discorridas. Propomos também filmes, reflexões e atividades de autoavaliação que poderão ser realizadas individualmente ou em grupo. A bibliografia geral é outro indicativo importante para buscar respostas a novas indagações.

Lembramos, por outro lado, de que a dinamicidade no que se refere à legislação pode ocasionar que algumas leis, certos pareceres e decretos aos quais nos referimos no presente estudo sejam modificados, revogados e/ou aprovados ao final da construção deste livro, determinando a necessidade constante de atualização de leitura a esse respeito.

Introdução

É importante destacar, quando falamos em educação, que nada é pronto e acabado. Não se pode tomar as coisas como verdades absolutas sem pensar nem considerar o cotidiano e a história, pois cada momento de aprendizagem é único.

Cabe darmos destaque às universidades – na medida em que gozam de autonomia didático-científica, administrativa e de gestão financeira e patrimonial – como lócus privilegiado de discussão e de (re)pensar a educação superior no Brasil, pois obedecem ao princípio de indissociabilidade entre ensino, pesquisa e extensão.

Essa visão leva as IES a repensarem sua função na sociedade atual, a qual atribuiu a elas a responsabilidade por solucionar os problemas sociais, entre os quais está a educação. Além disso, as transformações no mundo globalizado, no contexto das rápidas mudanças econômicas, políticas e socioculturais, exigem cada vez mais que a educação seja vista como fator principal para o desenvolvimento do país.

Essa postura é necessária para percebermos que as relações entre a política econômica, a política social, a política educacional e a legislação do ensino superior não acontecem por acaso, existe sempre uma intencionalidade.

As políticas educacionais, apesar de seu caráter específico, não estão isentas das transformações do mundo do trabalho e do ideário da classe dominante nos países dependentes, caso do Brasil. Há alguns aspectos que nos levam a perceber a relação entre os elementos econômicos, políticos, sociais e a educação. Esta, no atual momento da história, é chamada a formar um trabalhador de novo tipo, que seja coerente com as necessidades do trabalho flexível. Isso significa dizer que a sociedade atual exige que o trabalhador saiba interagir em equipe e resolver os problemas no momento em que eles acontecem, que busque constantemente o conhecimento e ainda que não fique preso apenas ao seu setor, mas que perceba a organização na sua totalidade.

Essa compreensão é essencial, pois afeta de maneira direta a forma de trabalhar para a reconstrução do saber no fazer pedagógico, processo que deve ter sua ação pautada na coletividade em todos os níveis de ensino. Aqui trataremos especificamente do ensino superior.

Pensar e discutir a "educação superior brasileira, suas políticas e legislação", é, de início, compreender as relações entre as transformações mundiais e a sociedade do nosso país.

É possível constatar, nesse cenário, que os desafios para o ensino superior são grandes, por isso a qualidade na formação inicial e na formação continuada dos professores (que lecionam no ensino superior e contribuem na formação dos diversos profissionais) exige sólida formação pedagógica, a qual depende do estreitamento entre ensino e pesquisa, indiferente da responsabilidade que cabe a cada tipo de IES, classificada pelo Ministério da Educação (MEC).

Dessa forma, é uma preocupação o modo como se formulam as políticas educacionais para o ensino superior, seus determinantes e seus condicionamentos, em decorrência das transformações que vêm ocorrendo no mundo globalizado.

Capítulo 1

Discutiremos aqui os reflexos das transformações mundiais na sociedade brasileira (sem a intenção de esgotarmos o assunto) para entendermos a maneira como as mudanças que ocorreram no mundo do trabalho da sociedade ocidental interferiram nas políticas educacionais para o ensino superior no Brasil.

Impactos dos acontecimentos mundiais na sociedade brasileira

Essa reflexão é feita a partir de elementos que fazem referência à relação da sociedade brasileira com os sistemas econômico, político e social mundiais. Assim, é possível percebermos a interferência externa na vida do povo do nosso país. E é nesse contexto que buscamos entender a história da educação brasileira, pois essas relações interferiram significativamente na trajetória do ensino e da educação no Brasil.

No entanto, antes de entrar nesse assunto, é oportuno lembrar que a "política educacional" acontece no âmbito das relações sociais estabelecidas pelos processos de reorganização da economia, das estruturas sociais e das políticas mundiais, não sendo um fato isolado. Compreender, portanto, a política educacional nesse contexto é dar sentido à busca de alternativas para a superação da exclusão e das desigualdades sociais no "agir" do fazer pedagógico.

1.1 O processo de industrialização mundial e a educação

Faremos, agora, uma retrospectiva histórica no início deste nosso estudo. Começaremos com fatos relativos ao surgimento da modernidade na Europa, séculos XVIII e XIX, visto que esse período destacou-se por enormes mudanças na civilização de todo o planeta e desencadeou uma nova forma de pensar o homem por ele mesmo e de pensar as suas relações sociais.

> Mas qual ou quais foram os fatos que alavancaram esse processo de mudanças?

Os avanços técnico-científicos que interferiram na sociedade, mais especificamente nas formas de o homem se relacionar com o trabalho, exigiram deste um novo perfil profissional, o comportamento de um cidadão polivalente, participativo, competente, habilidoso, que apto a interagir com a equipe e ainda, segundo Kuenzer (1998, p. 4), que fosse um novo trabalhador "com capacidades intelectuais que lhe permita [sic] adaptar-se à produção flexível", a qual é exigida pelo atual modelo de acumulação de capital, que busque constantemente informações diante das rápidas mudanças que ocorrem na produção como também nas relações sociais, objetivando por parte das empresas maior produtividade, portanto, maior lucro.

Não podemos esquecer, no entanto, que essas mudanças resultam de um processo histórico e têm estreita relação com o sistema capitalista, bem como com o modo de produção e de organização do trabalho que o viabiliza nas sociedades. Para tanto, é apropriado compreender sua origem e evolução até o momento atual.

Sendo assim, é necessário voltarmos ao século XI quando houve a ascensão da burguesia. Conforme nos apresenta Aranha (1996), ocorreu o retorno das cidades greco-romanas, desaparecidas na "idade das trevas" em decorrência das invasões bárbaras e da expansão muçulmana que provocou o êxodo urbano, fazendo com que a sociedade se tornasse agrária, ou seja, autossuficiente na agricultura e no artesanato doméstico. Com a urbanização, ocorre a substituição da troca de mercadorias pela moeda e

> *o comércio ressurge, as moedas voltam a circular, os negociantes formam ligas de proteção, montam feiras em diversas regiões da Europa e dependem das atividades dos banqueiros. As cidades crescem graças ao comércio florescente, e começam as lutas contra o poder dos senhores feudais. Aos poucos as vilas se libertam e transformam-se em* **comunas** *ou* **cidades livres.** *Essas mudanças repercutem em todos os setores da sociedade. Onde só existia o poder do nobre e do clero contrapõe-se o do burguês.* (Aranha, 1996, p. 77, grifo nosso)

Naquela época, o comércio burguês, advindo da expansão de algumas atividades, controlava a produção, ou seja, o modo de fazer, o que se devia fazer, quando e a quantidade a se fazer por este ou aquele ofício, por meio de grupos que formavam as **corporações de ofício** e também pelas cobranças de altos impostos. A respeito disso, observamos três processos:

~ o primeiro estava vinculado à divisão de classes sociais, pois só os filhos dos comerciantes burgueses ricos tinham condições de

pagar à corporação para abrir seu próprio comércio, derivando desse processo o acúmulo de capital que passou a ser investido na própria produção;
~ o segundo processo estava inserido no contexto da industrialização, trazendo na sua gênese o capitalismo e o terceiro processo;
~ o terceiro processo se caracterizou pela forma de buscar o trabalho, pois para que alguém se tornasse comerciante era necessário, além de pagar altos impostos, colocar o seu conhecimento à prova.

Nesse cenário político e econômico, observamos que "o desenvolvimento das atividades artesanais, fortalecendo as corporações de ofícios, aliado ao grau de acumulação que a economia feudal pôde desenvolver, possibilitou o crescimento de uma atividade mercantil que está na origem do capital" (Saviani, 1994, p. 154). Na continuidade de sua explanação sobre o assunto, Saviani (1994, p. 154) ainda esclarece que:

> *Esta atividade mercantil foi se concentrando nas cidades, primeiro organizadas periodicamente na forma de feira de trocas, de grandes mercados de trocas. Esses mercados foram se fixando e dando origem às cidades. A origem do burguês é o habitante do burgo, ou seja, o habitante da cidade. Através do comércio, ele foi acumulando capital que, em seguida, passou a ser investido na própria produção, originando assim, a indústria.*

O período compreendido entre os séculos XV e XVI, também conhecido como *Renascimento*, representa a retomada dos valores greco-romanos, aflorando no humanismo a expectativa de novos tempos, pela busca da individualidade e caracterizado, segundo inferência de Aranha(1996), pelo espírito de liberdade e crítica que se opõe à autoridade e aos valores, ainda medievais naquele período.

A necessidade de renovação, no Renascimento, levou o homem à mudança de pensamento e à busca de si mesmo, contrapondo-se ao autoritarismo das concepções teológicas que se apresentavam como elemento agregador entre espírito e política, por meio dos clérigos.

Dessa forma, pela individualidade, o homem passou a valorizar a razão e por meio dela a tecer seu caminho, recusando a submissão e as imposições tradicionais do feudalismo em oposição ao critério da fé, colocando a possibilidade da capacidade de discernimento e de comparação, portanto, a dúvida e o questionamento. Não mais o saber pelo saber, mas o saber como instrumento de transformação. Esse momento se caracterizou, na Europa do século XVII, como a **crise da consciência**.

A urgência para o enriquecimento da burguesia que se deu pela ampliação do comércio marcou aquele tempo como o período das grandes invenções, decorrendo do fato de o humanismo estar associado às mudanças na economia ocorridas nas atividades artesanais, portanto, do comércio burguês, no qual a riqueza não está mais na posse de terras.

O enriquecimento da burguesia, por meio do comércio, assentou-se na invenção da pólvora, da imprensa e do papel, diminuindo a distância entre os países com a invenção da bússola e consequentemente possibilitando que as mercadorias chegassem a outros lugares com segurança, abrindo as fronteiras pelo mar e propiciando, com a intensificação do comércio, a ascensão da burguesia.

Decorre daí uma nova relação com o trabalho, determinada pelo aumento da produção, instalando-se o capitalismo.

A época moderna, diferentemente da Idade Média, caracteriza-se por um processo voltado para a industrialização, o qual se efetiva no modo de produção capitalista, causando o início do processo de trabalho que está baseado na venda e na compra da força de trabalho pelos seus atores, na relação entre trabalhador e capitalismo, respectivamente.

Na sociedade moderna as relações deixam de ser naturais e passam a ser sociais. Essa sociedade, na concepção de Saviani (1994, p. 154-155), "rompe as relações dominantes naturais que prevaleciam até a Idade

Média, ou seja, [...] a forma de produção dominante era lidar com a terra, as relações também dominantes eram do tipo natural e se constituíam comunidades segundo laços de sangue".

A sociedade, nesse sentido, liquida o poder absolutista e começa a se organizar pautada no direito contratual, fortalecendo a burguesia e germinando o liberalismo,

> *doutrina que serviu de substrato ideológico às revoluções antiabsolutistas que ocorreram na Europa (Inglaterra e França, basicamente) ao longo dos séculos XVII e XVIII e à luta pela independência dos Estados Unidos. Correspondendo aos anseios do poder da burguesia, que consolidava sua força econômica ante uma aristocracia em decadência amparada no absolutismo monárquico, o liberalismo defendia: 1) a mais ampla liberdade individual; 2) a democracia representativa com separação e independência entre três poderes (Executivo, Legislativo e Judiciário); 3) O direito inalienável à propriedade; 4) a livre iniciativa e a concorrência como princípios básicos capazes de harmonizar os interesses individuais e coletivos e gerar o progresso social. [...] Com o desenvolvimento da economia capitalista e a formação dos monopólios no final do século XIX, os princípios do liberalismo econômico foram cada vez mais entrando em contradição com a nova realidade econômica baseada na concentração da renda e da propriedade. Essa defasagem acentuou-se com as crises cíclicas do capitalismo, sobretudo a partir da Primeira Guerra Mundial, quando o Estado tornou-se um dos principais agentes orientadores das economias nacionais.* (Sandroni, 1989, p. 174-175)

Essas transformações foram baseadas nas novas propostas ideológicas, as quais atendiam aos anseios de uma sociedade cujas relações com o trabalho e o poder haviam sofrido profundas modificações, o que se constituiu, a partir do século XVIII, no processo de Revolução Industrial.

1.1.1 A Revolução Industrial

A Revolução Industrial, advinda da revolução comercial, ou seja, da formação dos mercados nacionais e do desenvolvimento do comércio na Europa, como vimos, configurou-se no conjunto das relações de troca entre esta e os demais continentes e se tornou fonte de riqueza, de poder e de domínio para uma nova classe social — a burguesia; enquanto por meio das **atividades mercantilistas** acontecia a ascensão das grandes potências comerciais: Inglaterra, Holanda, França, Portugal e Espanha.

Essas transformações, cujas raízes estão na crise do sistema feudal europeu, favoreceram a estabilização e a propagação do sistema capitalista, sendo também o ponto principal para um novo modo de pensar sobre as forças produtivas que incluíam o próprio homem, pois era ele quem criava e aperfeiçoava o seu instrumento de trabalho por meio da indústria de massa e das novas formas de relações sociais estabelecidas pelo dinheiro e pela propriedade privada.

Para entendermos melhor essas transformações, é interessante fazermos um parêntese para estabelecer uma linha de contraste entre o feudalismo e o capitalismo. O feudalismo compreende um conjunto de práticas relativas a questões de ordem econômica, social, política e religiosa. Suas características básicas eram: o poder descentralizado (exercido pelos senhores feudais), a economia baseada na agricultura e a utilização do trabalho dos servos. Entre os senhores de maior poder, aliás, o poder sobre todos, estava a Igreja. É importante destacar que, de um modo geral, os poderes jurídico, econômico e político concentravam-se nas mãos dos senhores feudais, donos de lotes de terras (feudos); ao vassalo cabia trabalhar e cumprir com seu juramento de fidelidade. Por sua vez, o **capitalismo** se constituiu, conforme definição de Sandroni (1989, p. 37), como o

> *sistema econômico e social predominantemente na maioria dos países industrializados ou em industrialização. Neles a economia se baseia*

na separação entre trabalhadores juridicamente livres, que dispõem apenas da força de trabalho, e a vendem em troca de salário, e capitalistas que são proprietários dos meios de produção e contratam os trabalhadores para produzir mercadorias (bens dirigidos para o mercado) visando à obtenção de lucro.

No centro dessas mudanças de paradigmas sociais e econômicos encontra-se a revolução comercial europeia, a qual trouxe em seu bojo, entre outras consequências, a colonização do Brasil; pois, para os europeus, esse tipo de atividade era conveniente, uma vez que, naquela época, "as colônias representam não só maior ampliação do comércio, como também forneciam produtos tropicais e metais preciosos" (Aranha, 1996, p. 99). Na instauração e na manutenção desse panorama colonizador, vários aspectos que pontuaremos na sequência precisam ser considerados.

~ Naquela conjuntura, a economia das Capitanias Hereditárias (1530) começou a crescer e surgiu o problema da falta de mão de obra barata. Coube ao donatário* da terra resolver essa situação.

~ A solução relativa à mão de obra era fator fundamental para a manutenção dos privilégios do donatário e para a sua sobrevivência, bem como para manter ativa a fonte de riqueza da metrópole, ou seja, de Portugal. Foi nessas circunstâncias que os portugueses recorreram ao trabalho escravo (índios e negros africanos).

~ Sob o aspecto econômico e social, esse processo se caracterizou como modelo agrário exportador dependente, isto é, instaurou-se "um tipo particular de relações políticas, com dois elementos: **um centro de decisão** (metrópole) e outro **subordinado** (colônia), relações pelas quais se estabelece o quadro institucional para que

---

* Donatário era como se denominava o fidalgo português ao qual D. João III, rei de Portugal, doava uma Capitania, com o objetivo de que aquele a desenvolvesse economicamente e a mantivesse sob o domínio português.

a vida econômica da metrópole seja dinamizada pelas atividades coloniais" (Novais, 1975, p. 7, grifo nosso), objetivando o lucro por meio do trabalho dos habitantes da colônia.

Assim, da mesma forma que em outros países, no processo de colonização do Brasil houve a sobreposição do homem pelo homem, a divisão, portanto, de trabalho e de classes, em que os senhores de engenho (classe dominante: proprietários de terra e livres) exploravam o trabalho escravo, satisfazendo assim aos interesses da burguesia, a qual estava focada na expansão da monocultura da cana-de-açúcar.

Outro aspecto que no desenrolar dos acontecimentos exerceu enorme influência na relação da colônia (Brasil) com a metrópole (Portugal) foi o fato de esta última depender política e economicamente da Espanha. Essa condição teve como consequência a hostilidade dos países opositores dos espanhóis à colônia portuguesa de além-mar, o que acarretou represálias ao comércio brasileiro, o qual continuou na "fase pré-capitalista" (o que significou uma continuidade de aspectos feudais) e a margem das mudanças ocorridas na Europa.

Todavia, não foi unicamente esse o fator de estagnação social e econômica da colônia, mas principalmente o fato de tal situação ser, então, especialmente favorável aos **interesses políticos** e **econômicos** de Portugal.

Esse aspecto de conveniência por parte dos portugueses é claramente perceptível no período correspondente à descoberta e à exploração das minas de ouro, em Minas Gerais, riqueza que deu início ao comércio e ao processo de urbanização. No entanto, nesse contexto de prosperidade, o sonho de riqueza dos habitantes da colônia foi logo desfeito, quando Marquês de Pombal, por meio de altos impostos e centralizando o monopólio comercial, passou a controlar política e administrativamente todas as atividades da metrópole e da colônia, ocasionando um sentimento de revolta por parte dos brasileiros, além do controle total da metrópole, o que favorecia principalmente a Inglaterra (com quem

Portugal tinha uma relação comercial desfavorável aos seus cofres), a qual se beneficiou dos preços dos produtos agrícolas em relação aos produtos manufaturados advindos de sua produção industrial. Aliás, segundo informa Basbaum (1957, p. 48-49), Portugal como nação "continuava um país pobre, sem capitais, quase despovoado, com uma lavoura decadente [por causa da falta de mão de obra e] pelas relações de caráter feudal ainda existentes [...] preocupada apenas em importar e vender para o estrangeiro especiarias e escravos e viver no luxo e na ostentação".

Imerso nessas condições feudais, Portugal passou por enormes dificuldades e o seu processo de industrialização foi adiado. E o atraso da metrópole refletiu diretamente nos processos de desenvolvimento do Brasil Colônia, ou melhor, de retardo no desenvolvimento.

Organizado com base numa economia de exploração agroexportadora dependente, instituiu-se o **lucro** como objetivo fundamental dos colonizadores. Lucro proporcionado por uma mão de obra barata, ou seja, a exploração do trabalho dos colonos e dos escravos em um contexto no qual predominava a relação de submissão às classes dominantes da metrópole e desta às classes dominantes da Europa. O ideário liberal não chegara às terras brasileiras.

1.1.2 O ideário liberal

A propagação do ideário liberal trouxe algumas ideias (tanto para o Brasil como para Portugal), mas estas, dada a situação colonialista, não foram aplicadas no território brasileiro. Assim, esse ideário, nascido dos "pilares constitutivos da ordem capitalista, propriedade e liberdade", embora defendido pelos intelectuais, não foi assimilado no Brasil pelos detentores dos poderes econômico e político, assim como também não o foi pela classe trabalhadora, ou seja, pela população em geral (Liberalismo, 2009). Além disso, nesse período, as questões referentes às economias portuguesa e brasileira foram marcadas por situações como:

- abertura dos portos (interessava a todos: dominados e dominantes);
- livre-comércio;
- aumento da produção e conquista de novos mercados, povos e ideias para a Inglaterra (através da expansão de seu comércio).

Para Portugal, o livre-comércio foi uma tentativa de sustentação, mas não passou disso, pois logo em seguida Portugal começou a vivenciar novamente as dificuldades econômicas. Isso aconteceu porque a sua produção não era suficiente para atender ao consumo e para enfrentar a concorrência, advinda principalmente da Inglaterra com o fim do bloqueio continental.

E foi por meio do plantio cafeeiro que a economia brasileira se reestabeleceu, embora por um curto espaço de tempo, voltando logo para a dependência externa. Essa oscilação foi resultado do contexto internacional, pois:

- de um lado não era interessante para o cenário internacional a autonomia brasileira, na medida em que a exploração do trabalho garantia a geração de lucros e era a porta para a expansão colonialista.
- por outro, as novas ideias (ideário liberal) que chegaram com a abertura dos portos trouxeram também uma nova maneira de pensar as relações sociais, uma vez que a aristocracia rural se sentia excluída da vida política.

No período correspondente à vinda da Família Real, à Independência e à instalação do Império Brasileiro, enquanto a Europa vivia a Primeira Revolução Industrial, várias mudanças aconteceram em nosso país provocadas, entre outros fatores, pelo(a):

- abertura dos portos brasileiros;
- criação do Banco do Brasil (1808);
- crescimento e desenvolvimento urbano comercial;

~ chegada do telégrafo (1852);
~ construção da primeira linha de estrada de ferro do país (1854).

Além disso, as transações comerciais foram impulsionadas pelas necessidades da indústria (embora ela fosse incipiente na época), como a importação do carvão e das máquinas para a modernização do país. Aliás, Ribeiro (2003, p. 64) enfatiza que "a consolidação desse desenvolvimento econômico manifesta-se pelo contato mais intenso com a Europa", isso porque era ela quem fornecia, além de "novos maquinários e instrumentos, que importávamos, [...] também as novas ideias que passaram a circular no acanhado meio intelectual dos meados do século XIX brasileiro".

Assim, a reforma social e a reforma política das últimas décadas do Império foram fatores significativos para o desenvolvimento do Brasil, explica Reis Filho (1981, p. 187), visto que elas (as reformas) "acabaram centralizando os esforços renovadores da elite intelectual brasileira" na medida em que estas acreditavam que as novas ideias poderiam transformar o país. Esse pensamento assentava-se nos argumentos do liberalismo e do cientificismo trazidos da Europa. Nesse sentido, o autor acrescenta:

> *a intelectualidade brasileira defendia um programa de inovações considerado indispensável à elevação do Brasil ao nível do século. Isto é, pelas novas ideias, políticos e publicistas pretendiam realizar a atua- lização histórica, considerada como forma de realização nacional. Entretanto, a própria maneira de perceber e de analisar a realidade sociocultural brasileira refletia as últimas teorias importadas que passavam a exercer dupla função: para diagnosticar a realidade e para propor soluções. O modelo pensado assumia a forma de projeto que passava para os programas partidários e daí era transformado em leis de organização política, judiciária, eleitoral ou educacional. É um período em que as propostas de reformas, de quase todas as instituições brasileiras existentes, entravam em debate, agitando o pequeno mundo intelectual e*

político da época. Porém as reformas não partiam da realidade, mas do modelo importado. (Reis Filho, 1981, p. 187)

Assim, as novas formas de se relacionar com a economia que se instalou com base no ideário liberal em grande parte da Europa, significando desenvolvimento e liberdade para esses povos, para o Brasil trouxe dois efeitos drásticos:

~ **Crise econômica** – Empréstimos e taxações das importações.
~ **Crise social** – Rebeliões regionais.

Foi nesse contexto que a forte influência do liberalismo* e do cientificismo europeu fez com que se tornasse ordem do dia o desenvolvimento do Brasil de acordo com as ideologias da época. Esses foram algun fatores que contribuíram para a Proclamação da República em 1889 (Ribeiro, 2003).

Houve a instalação do governo representativo, federal e presidencial, mas manteve-se a desigualdade social, a exploração do trabalho de muitos por parte da República dos Coronéis e daqueles que eram chamados de *participantes da política do café com leite*. Obviamente, este último rol de características nos manteve nas condições do feudalismo.

No período da Primeira Guerra Mundial (1914), além dos operários brasileiros, a forma capitalista industrial que se consolidou com o modelo liberal e com as ideias positivistas impulsiona diversos setores da sociedade, modificando a organização do trabalho, bem como a forma de viver dos homens, agregando ao trabalho, com o modelo econômico agrário-exportador, os estrangeiros italianos e espanhóis.

---

* Foi o ideal da **liberdade** que deu nome ao **ideário liberal**. E, por sua vez, **liberalismo** passou a significar a ideologia da sociedade capitalista ou burguesa. Assim, podemos expressar em forma de síntese, dizendo que "liberalismo pode ser resumido como o postulado do livre uso, por cada indivíduo ou membro de uma sociedade, de sua propriedade" (Liberalismo, 2009).

Dessa situação resultaram alguns movimentos de oposição à ordem vigente, movimentos que culminaram na busca pela proteção do trabalho operário, pela afirmação cultural e pelo nacionalismo, entre outros.

1.1.3 O processo de industrialização e de urbanização

Esse processo de formação de uma sociedade brasileira com a absorção de migrações de várias regiões da Europa foi progressivo, bem como a transposição de uma cultura amplamente influenciada pelo pensamento do Velho Mundo, enquanto a política no Brasil, como já foi dito, trafegava entre o coronelismo e os participantes da política do café com leite.

Nesse cenário, a Revolução de 1930*, de cunho nacionalista e populista, estabeleceu um marco social e econômico, o que se propagou nas décadas seguintes, além de interromper alguns segmentos da situação feudal que ainda vigorava no país. Acreditamos que o relato feito pelo professor Oswaldo do Nascimento, em seu livro *Cem anos de ensino profissional no Brasil*, define claramente os fatores operantes nesse período que compreende as décadas de 1930 e 1940:

> O processo de industrialização e urbanização, iniciado pouco antes dos anos de 1920, paulatinamente toma "corpo" e o seu volume e a sua importância impulsionam as transformações e melhorias no sistema de ensino profissional promovidas antes e principalmente durante o primeiro governo de Getúlio Vargas (1930-1945). Foi um período em que, se por um lado tivemos mudanças no perfil e na abordagem econômica (as ideias tayloristas, a influência do Instituto de Organização Racional do Trabalho – Idort), por outro aconteceram mudanças ideo-

---

* A **Revolução de 1930**, como é conhecida, ocorreu logo após a **Grande Depressão**, também denominada de *Crise de 1929*. Essa foi a primeira grande crise do capitalismo, cujo epicentro deu-se em Nova York, mas seus raios propagaram-se e ela atingiu todo o comércio internacional.

lógicas e políticas expressas na Constituição de 1937, na Lei Orgânica de Ensino, promulgada em 1942, bem como o restante da legislação que materializou as reformas e as mudanças conduzidas pelo ministro da Educação, Gustavo Capanema, e, inclusive, a criação do Sistema Nacional de Ensino Industrial. (Nascimento, 2007, p. 185)

Essa onda reformista, depois do término da Segunda Guerra Mundial (1945), mostrou-se preocupada com a educação, também em âmbito mundial, no sentido de utilizá-la como ferramenta de reestruturação das sociedades. Nesse contexto, os organismos internacionais apostaram na **educação** como forma de **investimento**; sendo que, em 1944, foi criado o Banco Mundial com o objetivo de financiar a reconstrução dos países devastados pela Guerra, e, em 1946, foi criado o Fundo das Nações Unidas para a Infância (United Nations Children Fund – Unicef), cujo foco são as crianças.

Dando sequência a esse período, nas décadas de 1950 e 1960, a economia brasileira adotou uma coloração nacional desenvolvimentista, enquanto a política, em paralelo, foi marcadamente populista. Sob esses paradigmas, em 1955 foi criado o Instituto Superior de Estudos Brasileiros (Iseb), o qual integrado por intelectuais de diferentes áreas contribuiu de maneira efetiva para o rompimento da tradicional prática colonialista de considerar válido para o Brasil o movimento cultural importado.

No Iseb – fechado em 1964 pela Ditadura Militar, que o considerava subversivo – conviveram diferentes posicionamentos teóricos/ideo- lógicos: marxismo, existencialismo e pensamento cristão, este sob a influência do **Concílio Vaticano II**. Nesse instituto, mesmo sem aderir ao marxismo, foi adotado o **método do materialismo dialético**, notadamente pelos cristãos progressistas. Contudo, a produção intelectual do Iseb é alvo de críticas pelos que a consideraram excessivamente tolerante com o pensamento liberal e capitalista, tanto no que se refere ao capital como no tocante ao trabalho.

Embora seus integrantes tivessem recebido influência da Comissão Econômica para a América Latina (Cepal), alguns deles, mesmo sendo marcadamente de esquerda, não adotavam postura de intransigente combate ao capitalismo ou mesmo à entrada de capital e de indústrias estrangeiras no Brasil. Antes, e em nome da necessidade do desenvolvimento do país, preconizavam mecanismos de controle dessas entradas, para se evitarem prejuízos futuros.

Assim, conviveram bem com o propósito de trazer o capital estrangeiro e das indústrias, na época em que ocupava a presidência Juscelino Kubitschek (1956-1961), cujo governo estabeleceu incentivos fiscais, aliando estes ao atrativo da mão de obra barata existente no Brasil, para concretizar tal propósito. No entanto, isso criou a necessidade de um novo tipo de trabalhador, fazendo com que a educação enfatizasse o trabalho manual, passando a oferecer mão de obra especializada, ou seja, média e tecnicamente especializada para atender às exigências do mercado e do sistema.

Embora fosse um período marcado por novos empreendimentos e por otimismo, as diferenças regionais se agravaram e os centros urbanos começaram a receber pessoas de outros estados em busca de trabalho. A concentração de renda nas mãos de poucos agravava a pobreza, a qual se intensificou pela alta da inflação.

Foi nesse embate de propósitos, ideologias e práticas sociais que houve o desgaste do populismo no governo de João Goulart (1964). Esse governo defendia o programa de reformas de base, entre elas e principalmente, a reforma agrária (a qual buscava a desapropriação dos latifúndios improdutivos) e enfrentou o antagonismo de seus opositores através de reações diversas até mesmo desproporcionais.

E, nesse confronto de propósitos, a entrada do capital e de empresas multinacionais no Brasil, os movimentos operários, camponeses e estudantis, o desemprego, a exploração dos trabalhadores, as carências em áreas como educação e saúde, o embate político entre grupos que temiam perder o poder para os trabalhadores (os quais se organizavam e começavam a lutar por seus direitos), entre outros fatores, formaram o caldo de cultura para a instauração da Ditadura Militar.

Nesse cenário, o aumento da inflação e a concentração de renda agravaram a situação dos trabalhadores prejudicados pela política econômica vigente e pela impossibilidade de transformação, pois com a perda do apoio dos Estados Unidos o Brasil passou a enfrentar uma grave crise econômica e social, fortalecendo ainda mais o caminho para a instalação da Ditadura Militar.

1.1.4 As transformações do período da Ditadura Militar

As dificuldades enfrentadas pela população, no período da Ditadura, fizeram com que a mulher deixasse de ser mãe e esposa para exercer também outros papéis, na intenção de compor a renda familiar, buscando o mercado de trabalho. O crescimento promovido pelo Regime de 1964 resultou de um jogo político claro, cuja intenção, segundo Coelho (1994) era:

~ *acabar com as pressões para maior distribuição de renda;*
~ *impedir a reforma agrária;*
~ *dar segurança e condições de investimentos às empresas multinacionais;*
~ *atender às pressões corporativas e aos devaneios de Brasil potência dos próprios militares com: programa nuclear, transamazônicas e estatais de todo o tipo;*
~ *assegurar um sistema de favorecimento político e econômico, do qual se beneficiariam empresários privados e membros do governo.*

Essa situação intensificou a entrada no país de novos bens de consumo, estratégias das grandes empresas industriais e fortaleceu o capital estrangeiro, ao mesmo tempo em que inchou o mercado de trabalho, acentuando o empobrecimento por conta das falências das empresas brasileiras.

Nesse panorama, a mentalidade estatizante, originada de um "pseudonacionalismo", fez com que o Brasil ficasse muito mais dependente das importações de máquinas, tecnologia e petróleo. Isso acarretou o aumento significativo da dívida externa e a necessidade de os trabalhadores adquirirem conhecimentos técnicos para se relacionarem com a tecnologia que invadia o Brasil.

Estabelecendo um claro contraste, na década de 1970, na Europa a democracia se fortaleceu, enquanto na América Latina continuavam governos autoritários ou ditatoriais.

Contribuindo com o estado de empobrecimento a que estava exposta a sociedade brasileira, a crise do capital foi fortalecida pelo aumento dos preços do petróleo em 1973. Essa determinação da Organização dos países Exportadores de Petróleo (Opep) atingiu os países recém-industrializados, caso do Brasil, e o resultado extremamente negativo agravou o problema da inflação, arrefecendo o crescimento econômico (Harvey, 2004). Nesse cenário, um seguimento bastante afetado foi a indústria automobilística, a qual teve forte queda na produção, fato que provocou demissões em massa, entrando em recessão em 1979, com a segunda crise do petróleo.

1.1.5 O neoliberalismo ou a abertura comercial

Na década de 1980, apesar de a Constituição da República Federativa do Brasil de 1988 (CF) assegurar o bem-estar, a igualdade e a justiça social, a população brasileira, cansada e sofrida em função do período de ditadura e de uma inflação desenfreada, almejava grandes mudanças políticas, econômicas e sociais – na esperança da instalação de um regime democrático.

Assim, embora politicamente caminhássemos para uma participação mais significativa da população nos destinos do país, na economia a situação era preocupante. Com a redução dos índices inflacionários, em 1990, pelas medidas tomadas pelo presidente Fernando Collor de Mello, por meio da diminuição da produção industrial e com a liberalização de importações e sem maiores preocupações com o equilíbrio da balança comercial (foram oferecidos à população produtos estrangeiros com preços mais baixos), teve início a maior recessão da história brasileira.

Esses fatores contribuíram para a continuidade de desemprego e de falência de inúmeras empresas. Aquelas que resistiram foram obrigadas a se modernizar, adotando novas tecnologias na tentativa de concorrência com os produtos externos, diminuindo a mão de obra, aumentando o desemprego, a miséria e a concentração de riquezas do país sob o domínio de poucos.

Apesar desse quadro, o desafio advindo dessa situação levou à priorização de ações para melhorar o sistema educativo e o desenvolvimento científico e tecnológico no país. Apesar de ser uma tarefa difícil, era e é necessário disseminar conhecimentos e estimular a criatividade. Esse processo originou fatores positivos, como o desenvolvimento das pesquisas, com bases tecnológicas, nas áreas de agronegócios brasileiros, grãos e animal. Por exemplo, o trabalho desenvolvido em vários estados pela Empresa Brasileira de Pesquisa Agropecuária (Embrapa) e pela Empresa de Assistência Técnica e Extensão Rutal (Emater), expandindo a fronteira agrícola.

Dessa forma, apesar de muitos obstáculos a serem superados nas políticas públicas, temos, como consequência dos avanços tecnológicos, a educação a distância (EaD), a qual oferece para empresas o treinamento de seus colaboradores, diminuindo custos e agilizando a capacitação, inclusive com inúmeros cursos de graduação e de pós-graduação, autorizados pelo Ministério da Educação (MEC), em lugares e realidades diversas.

Dessa forma, à medida que a modernização trouxe o mercado informacional (relacionado à tecnologia da informação) como uma nova forma de trabalho para o povo brasileiro, exigia da educação, para atender a tal mercado, a readequação do ensino técnico proposto pelo Programa de Apoio à Capacitação Tecnológica da Indústria (Pacti) e pelo Programa Brasileiro de Qualidade e Produtividade (PBQP) (Ferretti, 2002).

O **Pacti** tem como objetivo "apoiar, orientar e articular as ações relativas à capacitação tecnológica da indústria, visando aumentar a competitividade dos bens e serviços produzidos no país" (Brasil, 2009a). Os programas por ele desenvolvidos são: programas em tecnologia da informação, programas de apoio à empresa e programas de cooperação internacional.

O **PBQP** começou suas atividades na década de 1990, em função da necessidade das empresas se ajustarem à modernização, à abertura econômica e à entrada das empresas estrangeiras no país. Esse programa "difundiu o conceito de qualidade como estratégia empresarial e gerencial, não apenas um aspecto técnico [...] agora incorporado ao Avança Brasil, aliou a ideia da qualidade na produção à qualidade de vida" (Brasil, 2009h).

Esses fatos se repetiram no governo de Fernando Henrique Cardoso (1994), apesar da estabilização da economia e da queda da inflação com o Plano Real, com propostas advindas do Consenso de Washington (1989).

Destacamos o fato de que as medidas propostas pelo Consenso de Washington e impostas pelo congresso norte-americano tornaram-se "palavra de ordem" para a negociação da dívida externa dos países latino-americanos.

Esse modelo acredita que a presença do Estado na economia interfere de forma negativa no desenvolvimento do país, por isso ela deve ficar sob o comando das leis de mercado. Podemos citar, ainda, entre outras características desse modelo, também conhecido como **neoliberalismo**, a(s):

~ privatizações;
~ novas formas de contratação para o mercado de trabalho;
~ liberalização financeira e comercial sem a intervenção estatal;
~ isenção por parte do governo nos investimentos sociais.

No que se refere ao ensino, à "medida que a maquinaria substituiu o artesão, o aprendizado longo de um trabalho completo foi substituído por um aprendizado cada vez mais fragmentado de uma tarefa parcial" (Kuenzer, 2002, p. 25). Isso provocou um descaso com a qualidade de ensino, ao contrário do que em princípio seria de se esperar pela necessidade de atualização tecnológica.

É oportuno enfatizar o papel econômico da educação no governo Fernando Henrique Cardoso. Em todos os níveis de ensino, a educação estava voltada para os desenvolvimentos científico e tecnológico. Mas esse pensamento deveria atuar fortemente no ensino superior, principalmente na universidade, sendo que houve uma grande expansão na rede de ensino superior e consequentemente na oferta de cursos. Segundo explica Cunha (2003, p. 3), o pensamento dos governantes em relação à educação nesse período é de que "a competência científica e tecnológica é fundamental para garantir a qualidade do ensino básico, secundário e técnico, assim como aumentar a qualificação geral da população". Sob essa perspectiva, foi aprovada no governo Fernando Henrique Cardoso a Lei de Diretrizes e Bases da Educação Nacional (LDBEN), Lei nº 9.394/1996, que no caso específico do ensino superior trouxe um emaranhado de normatizações completamente fragmentado. Nesse período houve o descaso com a autonomia universitária, contemplada na primeira LDBEN (Lei nº 4.024/1961). Foi instituída também a avaliação do ensino superior, criadas as universidades por campo do saber etc.

Para resumir, podemos dizer que algumas das situações recorrentes advindas da abertura comercial foram:

- o trabalhador precisou buscar maior qualificação, em decorrência da modernização do maquinário e das novas tecnologias que entraram no país com a **abertura comercial**;
- no Brasil, como estratégia, as empresas que estavam sediadas nos grandes centros se transferiram para o interior dos estados, bem como para estados localizados fora dos tradicionais polos industriais, oferecendo por curto tempo o aumento de emprego;
- as mudanças na legislação trabalhista que trouxeram o contrato de trabalho por tempo determinado colocaram novamente ao trabalhador o trabalho informal como alternativa de sobrevivência, cuja palavra de ordem passou a ser *empreendedorismo*.

Diante desses fatores sociais e econômicos, principalmente com as mudanças no mercado de trabalho, os diversos sindicatos, através da Central Única dos Trabalhadores (CUT), buscam não mais as novas conquistas aos seus sindicalizados, mas passam a defender a permanência dos direitos já adquiridos em outras épocas, como a diminuição da jornada de trabalho e as chamadas *cláusulas sociais*.

Outro fator a ser considerado dentro das mudanças ocorridas no processo de globalização é a **invasão das tecnologias** (como a internet, TV a cabo, o telefone celular etc.). Esse fato mudou significativamente a relação dentro da família, ao mesmo tempo trouxe para a educação novas formas de adequação ao currículo escolar em todos os níveis, no sentido de atender às exigências mercadológicas, ou seja, houve ênfase nos cursos técnicos profissionalizantes. E, no ensino superior, a fragmentação nos cursos de graduação, exigindo uma composição curricular mais específica. Temos também os cursos sequenciais e as universidades por campo do saber, já mencionadas.

O governo do Partido dos Trabalhadores (PT), colocado no poder pelo voto popular (2003), expressou nos discursos de campanha a esperança de modificar os rumos do país com a implementação de políticas efetivas em direção ao desenvolvimento econômico e à consequente redução do desemprego: situação que permitiria uma considerável melhoria na qualidade de vida, especialmente da população mais carente.

Observamos nesse processo que o fenômeno da globalização imposto pelos mercados externos, principalmente pelo norte-americano, aos países periféricos traz a intencionalidade do domínio da produção, a exploração de mão de obra barata e a expansão do capitalismo, o que reforça o individualismo e o próprio neoliberalismo.

Com esse objetivo, na fundamentação teórica/filosófica das políticas neoliberais, encontramos alguns aspectos norteadores, a saber:

~ a não interferência do Estado na economia;
~ a venda de empresas estatais;
~ a abertura para os investimentos estrangeiros;
~ a liberdade de decisão por parte das empresas quanto à legislação trabalhista;
~ a legitimidade dos gastos sociais pelo Estado.

Salientamos, para uma melhor compreensão, que é uma característica neoliberal a isenção por parte do governo nos investimentos sociais, nesse caso, podemos citar como exemplo a propagação das ONGs; no entanto, não é característica neoliberal do Estado a isenção do controle nos investimentos.

O fato é que essas orientações são propostas para que os países periféricos possam competir no mundo globalizado, que exigem novas formas de gerenciamento por parte das empresas, ao mesmo tempo em que reduzem a mão de obra apenas ao mínimo indispensável (Oliveira, 2001).Inserido em tal dinâmica econômica e social o Brasil se transformou em um cenário de vivência para essas situações e, assim, muitos brasileiros encontram-se colocados à margem do processo de crescimento econômico e são postos também à mercê da internacionalização do desenvolvimento social. É nesse contexto, portanto, que a modernização do Brasil se assenta.

Dessa forma, se considerarmos que a política educacional é parte da política social, torna-se possível entender as políticas educacionais como "um processo mais que um produto, envolvendo negociações, contestação ou mesmo luta entre diferentes grupos não envolvidos diretamente na elaboração oficial de legislação" como nos esclarece Ozga, citada por Veiga e Amaral (2002, p. 14-15), se considerarmos que a política educacional é parte da política social.

1.2 Características e fatores oriundos da globalização

Sob esse prisma (o que relaciona as políticas sociais e as educacionais), não podemos pensar e/ou discutir a educação superior sem levar em consideração o processo de globalização mundial, o qual traz o sentido de ambivalência da globalização.

Essa ambivalência, segundo Dias Sobrinho (2005), imbrica o sentimento de insegurança com as questões ligadas ao processo de desenvolvimento que se relacionam no processo de acumulação de capital com:

~ a individualidade;
~ o hedonismo;
~ a ausência de solidariedade;
~ a desigualdade;
~ o terrorismo.

É importante lembrar que as transformações do mundo do trabalho que vêm ocorrendo na sociedade contemporânea, tanto no modo de produção como nas relações sociais, resultam do atual modelo de acumulação de capital e se inserem no processo de globalização, bem como foram favorecidas em grande parte pelos avanços técnico-científicos, os quais são resumidos em cinco grandes eixos: **informática, telemática, biotecnologia, novas formas de energia** e **novos materiais**.

Dowbor (1996, p. 20) descreveu esses eixos de forma elucidativa, interligando tais avanços técnico-cientifícos de modo a montar um quadro objetivo dessa condição tecnológica. A saber:

> Os cinco grandes eixos
>
> A **informática**, que está revolucionando todas as áreas, em particular as que lidam com o conhecimento, as telecomunicações, que conhecem uma revolução tecnológica mais profunda e dinâmica ainda do que a da informática, tornando possível e cada vez mais barato transmitir tudo – textos, imagens, som – em grandes volumes e com rapidez, em particular através da **telemática**, associação da informática com as telecomunicações, a **biotecnologia**, que ainda não invadiu o nosso cotidiano, mas deverá constituir a força principal de transformação na agricultura, indústria farmacêutica e outros setores na próxima década, as **novas formas de energia**, em particular o *laser*, permitindo aplicações que estão generalizando-se na medicina, no comércio, nos eletrodomésticos e outros setores, finalmente os **novos materiais** que incluem as novas cerâmicas, os supercondutores, as novas formas de plásticos, etc., que por sua vez, permitem novos avanços na eletrônica e na informática, nas telecomunicações, e assim por diante. [grifo nosso]

Fonte: Dowbor, 1996, p. 20.

Esses avanços ocasionaram impactos nos diferentes âmbitos da sociedade e, em especial, no mundo do trabalho, minimizando os custos pela diminuição do número de trabalhadores.

Nessa dinâmica, as transformações advindas das relações sociais e econômicas, pelo expressivo avanço tecnológico e pela globalização, redimensionaram o papel da educação. Hoje, solicita-se a formação de profissionais habilidosos, capazes e competentes, harmonizando-se com o setor produtivo.

Nesse novo contexto, a sociedade exige um novo **perfil profissional**, ou seja, um cidadão polivalente, participativo, competente e habilidoso.

Esse profissional deve saber interagir com a equipe e, ainda, desenvolver capacidades intelectuais para se adaptar à produção flexível, bem como buscar constantemente as informações para estar a par das rápidas mudanças que ocorrem na produção como também nas relações sociais (Kuenzer, 1998).

Dentro desse cenário, ou seja, ante os desafios contemporâneos, é necessário que façamos uma reflexão sobre a educação superior que vem sendo cada vez mais exigida na formação desse novo perfil de cidadão. Esses desafios, é importante que tenhamos ciência disso, estão inseridos no contexto das transformações econômicas, políticas e socioculturais em andamento.

> E, nessa conjuntura, surge um questionamento: qual o nosso grau de entendimento das políticas educacionais sob vários prismas, analisando as várias fontes? Estamos atentos às ideologias que perpassam os relatos históricos, às análises críticas para que possamos ter um panorama esclarecedor?

As considerações sobre as relações entre as IES e o contexto contemporâneo são fundamentais para a reflexão a respeito dos diversos momentos vividos pela sociedade e a educação, e ainda tendo em vista, segundo os autores Libâneo, Oliveira e Toschi (2003, p. 32), da necessidade de análise crítico-compreensiva dos "contextos em que os professores exercem sua atividade e, ao mesmo tempo, do desenvolvimento de competências para uma ação transformadora no seu local de trabalho".

A Organização das Nações Unidas para a Educação, a Ciência e a Cultura (Unesco) tem papel preponderante na elaboração das diretrizes para a educação superior. Nos documentos, resultantes da Conferência de Paris, em outubro de 1998, a exemplo da Declaração Mundial sobre Educação Superior no Século XXI (Organização das Nações Unidas para a Educação, a Ciência e a Cultura, 1998), estabelece para a educação superior e para as IES, especificamente as universidades, a responsabilidade na formação do novo profissional, consideram que a educação superior é o instrumento principal no desenvolvimento, por meio de iniciativas próprias, da cultura e na contribuição para a qualidade de vida da maioria das pessoas. A conclusão a que se chegou é que, além da educação ser um bem social público, também é um direito humano universal. Assim baseia-se em critérios de equidade, justiça, solidariedade e acentua-se a importância sociocultural da educação superior e o seu papel para o desenvolvimento econômico.

Dessa forma, consideramos necessário fazer a análise das políticas educacionais que emergem no âmbito do neoliberalismo frente às propostas que o Estado apresenta, incluindo as de âmbito econômico, social e político com as educacionais.

Síntese

Verificamos, até aqui, que a organização da história da educação no Brasil se assenta e revela os conflitos econômicos, políticos e sociais advindos da interação com os acontecimentos mundiais. Nesse aspecto, o povo brasileiro adequou-se a processos como: centralização e descentralização, qualidade e quantidade, público e privado. Os propósitos do capítulo apresentado não estão em discutir o fenômeno da globalização, mas apenas deixar claro que a educação em sentido amplo e de modo particular a educação superior, atrela-se a esse movimento.

Indicações culturais

Os filmes a seguir foram indicados porque podem apresentar alguns elementos para maior reflexão sobre as lutas políticas e ideológicas de dominados e dominantes, situações que foram retratadas neste capítulo.

Os INCONFIDENTES. Direção: Joaquim Pedro de Andrade. Produção: Filmes do Serro. Brasil: Sagres, 1972. 100 min.

> *Esse filme aborda a colonização Portuguesa e a conspiração independentista no século XVIII, a Inconfidência Mineira, centro das riquezas coloniais.*

DAENS – um grito de justiça. Direção: Stijn Coninx. Produção: Favourite Films. Bélgica: Films Derive, 1993. 132 min.

> *Esse filme retrata a presença e posição da Igreja e dá ênfase à condição operária, ou seja, retrata o período entre o feudalismo e o capitalismo, levando à reflexão sobre trabalho e capital, patrão e empregado e, ainda, sobre a condição e a exploração de mulheres e de crianças.*

Atividades de Autoavaliação

1. Marque com (V) as afirmações verdadeiras e com (F) as falsas sobre a economia brasileira no período de 1950 a 1960.
   ( ) Durante esse período, a economia brasileira pendeu para o nacional desenvolvimentismo.
   ( ) Durante esse período, a economia brasileira pendeu para o neoliberalismo.

( ) Durante esse período, a economia brasileira pendeu para a direita anticomunista.

( ) Durante esse período, a política brasileira tornou-se marcadamente populista.

Assinale a ordem correta, considerando as assertivas de cima para baixo:

a) V, F, V, F.
b) V, V, F, V.
c) F, F, V, F.
d) F, F, V, V.

2. Complete as lacunas do trecho a seguir.

A entrada de empresas estrangeiras, no governo de Juscelino Kubitschek (1956-1961) pelos incentivos fiscais e pela mão de obra barata, criou a necessidade de um novo tipo de trabalhador, fazendo com que a educação enfatizasse o _____ _____, passando a oferecer mão de obra especializada, ou seja, média e tecnicamente especializada, para atender às exigências do _____ e do _____. Mas, ao mesmo tempo, as _____ _____ se agravaram e os centros urbanos começaram a receber pessoas de outros estados em busca do trabalho. Outro fato significativo no processo histórico do país foi, em 1990, a redução dos índices inflacionários como consequência das medidas tomadas pelo ex-presidente Fernando Collor de Mello, da _____ produção industrial e com a _____ de importações sem maiores preocupações com o equilíbrio da balança comercial. Isso fez com que o Brasil oferecesse à população produtos estrangeiros com preços mais baixos, fatores que _____ para a _____ do desemprego e da falência de inúmeras empresas.

A ordem correta das palavras inseridas é:
a) Mercado; sistema; diferenças regionais; diminuição; trabalho manual; liberalização; contribuíram; continuidade.
b) Sistema; mercado; trabalho manual; diferenças regionais; diminuição; liberalização; contribuíram; continuidade.
c) Trabalho manual; mercado; sistema; diferenças regionais; diminuição; liberalização; contribuíram; continuidade.
d) Trabalho manual; mercado; sistema; diferenças regionais; liberalização; continuidade; liberalização; contribuíram.

3. Assinale a alternativa **incorreta**.
   a) A modernidade na Europa aconteceu nos séculos XVIII e XIX.
   b) A Revolução Comercial foi o resultado do conjunto das relações de troca entre a Europa e o resto do mundo.
   c) O Brasil não foi excluído das mudanças que aconteceram na Europa.
   d) As novas formas de se relacionar com a economia (com base no ideário liberal) trouxeram a crise econômica e social para o Brasil.

4. Leia as sentenças a seguir e as analise em relação aos agentes que impulsionaram a modernização do Brasil, entre os anos de 1885 e de 1890.
   I) O telégrafo, a abertura do Banco do Brasil, a primeira linha de estrada de ferro.
   II) As transações comerciais e a primeira linha de estrada de ferro.
   III) O aumento da pobreza e a alta da inflação.
   IV) O contato intenso com a Europa e as ideias dos intelectuais da época.

   Assinale a alternativa correta.

a) Apenas as sentenças I e II estão corretas.
b) Todas as sentenças estão corretas.
c) As sentenças I, II e IV estão corretas.
d) Todas as sentenças estão incorretas.

5. Identifique a(s) alternativa(s) correta(s) quanto às relações entre as políticas educacionais no contexto das relações sociais.

I) A reorganização do capitalismo mundial trouxe novos contornos para as políticas educacionais à medida que a educação foi chamada para atender as exigências do mercado.

II) As políticas educacionais, uma vez que estão isentas do processo de reestruturação econômica, não foram atingidas pela reorganização capitalista mundial, tampouco pelas mudanças no modo de produção.

III) Em decorrência da nova ordem mundial, as políticas educacionais foram chamadas a responder a necessidade do mercado formando um novo perfil de cidadão.

IV) As novas relações sociais advindas da reorganização do capital não exigiram das políticas educacionais um novo modo de pensar a educação.

V) A relação está na busca de alternativas para superar a exclusão e as desigualdades sociais através da educação.

A sentença correta é:

a) As sentenças I, III e V estão corretas.
b) As sentenças II, IV e V estão corretas.
c) As sentenças I, III e IV estão corretas.
d) As sentenças I, II e III estão corretas.

Atividades de Aprendizagem

Questões para Reflexão

1. Considerando o processo de desenvolvimento que se instalou no Brasil, reflita sobre a relação entre a história da sociedade brasileira e as políticas educacionais.

2. As mudanças ocasionadas pela necessidade de sustentação do capitalismo trouxeram o processo de globalização, por exemplo o desenvolvimento tecnológico. Nessa perspectiva, exigiu-se também mudanças no perfil do trabalhador. Reflita sobre o processo de desenvolvimento do Brasil e a exigência de maior qualificação do trabalhador.

Atividade Aplicada: Prática

1. Com base no texto e nas suas leituras explique:
   a) os reflexos das transformações mundiais no processo de produção na sociedade brasileira;
   b) a relação entre processo de industrialização e a educação.

Capítulo 2

Antes de compreender a organização educacional superior, é necessário perceber como a educação, por meio das políticas educacionais, se estabeleceu no período do processo de industrialização.

A IES e as políticas educacionais no contexto brasileiro

2.1 Os reflexos da modernidade e da reforma do Estado na política educacional

A busca pela modernização do Brasil, na década de 1930, trouxe consigo a intenção de redefinir o papel do Estado e, com ele, a valorização da importância da educação, já que a proposta de reforma que se delineava na sociedade, desde a década de 1920, incluía também uma nova proposta de educação e de ensino.

2.1.1 A influência dos ideais da Escola Nova

Os anseios da sociedade eram em parte oriundos de novas ideias trazidas por educadores influenciados pela teoria da **Escola Nova**, as quais tiveram interferência significativa na criação, em 15 de outubro de 1924, da Associação Brasileira de Educadores (ABE*), por Heitor Lyra da Silva. Essa entidade defendia a educação que se apoiava no lema: a educação é um direito de todos os brasileiros.

Para que tenhamos uma dimensão das transformações ocorridas nesse período fértil em novas ideias, apenas a título de ilustração, citamos com base em Basbaum citado por Ribeiro (2003), entre outros fatos, a realização da Semana de Arte Moderna e do Movimento Tenentista, bem como a fundação do Partido Comunista Brasileiro, a atuação da Coluna Prestes, a eclosão da Revolução de 1930 e a instituição do Estado Novo, com Getúlio Vargas apresentando-se como protetor dos trabalhadores e pai dos pobres.

Mas voltando ao papel desempenhado pela ABE, ela contribuiu significativamente para a educação em todos os níveis. As várias conferências realizadas no período de 1927 a 1967 foram determinantes para a política educacional na formulação de diagnósticos e possibilidades para o sistema educacional do país.

A proposta realizada, ainda no governo de Arthur Bernardes (1922-1926), era conhecida como Lei Rocha Vaz (Decreto nº 16.782-A, de 13 de janeiro de 1925), a qual, além de outras providencias, organizou o Departamento Nacional de Ensino e a reforma do ensino secundário e superior (Vieira; Farias, 2003).

---

* "Para esse setor de intelectuais e educadores, o emergente processo de industrialização demandava políticas educacionais que assegurassem uma educação moderna, capaz de incorporar novos métodos e técnicas e que fosse eficaz na formação do perfil de cidadania adequado a esse processo." (SHIROMA; MORAES; EVANGELISTA, 2003, p. 21).

No período da Revolução de 1930 foram baixadas por decreto as Reformas Francisco Campos (Decreto nº 19.890/1931) para os ensinos médio e superior, com validade para todo o território nacional.

A criação do Ministério dos Negócios da Educação e da Saúde Pública (1930), com Francisco Campos ocupando o cargo de ministro, dava ao Estado o direito de decidir sobre as questões políticas educacionais no país, objetivando nacionalmente mudanças nos níveis de ensino secundário, comercial e superior. Assim, as reformas no ensino efetivadas na gestão de Francisco Campos foram ditadas sob forte rigidez através de seus regulamentos.

A Igreja Católica, nesse período, influenciava politicamente o processo de definição das diretrizes educacionais, trabalhando no sentido de solidificar a intenção de manter sob sua responsabilidade e guarda a educação moral da população brasileira. Nesse momento, somavam-se os interesses e os esforços de governantes e de clérigos no sentido de manter inclusive a educação como competência da Igreja, conservando-se, assim, inalterado o modelo de situação que vigia antes da Constituição de 1891.

A seguir, veremos uma retrospectiva histórica construída a partir de conhecimentos adquiridos nas experiências profissionais da autora, acrescidos do embasamento teórico realizado com o auxílio das referências que constam no final desta obra:

Retrospectiva histórica

A Constituição de 1891 (séc. XIX) institui a União como responsável pela educação superior, aponta para a descentralização em favor do Estado e permite a criação de instituições de ensino particular com diploma reconhecido, desde que atento às normas curriculares das instituições de ensino superior federais. Em 10 de março de 1915, com o Decreto nº 11.530, de 18 de março de 1915, a chamada *Reforma Carlos Maximiliano*, o ensino superior passou por outra reforma. Esse decreto manteve apenas o vestibular e aumentou o controle federal. Controvérsias à parte, no Paraná, em 1912, foi instalada a primeira universidade brasileira. No entanto, apesar desses movimentos no âmbito da estrutura do ensino, o pensamento de uma educação nacional foi adiado para a década de 1930 (com organização econômica proposta por Getúlio Vargas) em função da crise financeira internacional e do aumento da população urbana. Em 1920, a Escola Politécnica, a Faculdade de Medicina e a Faculdade de Direito uniram-se e formaram pelo Decreto nº 14.343, de 7 de setembro de 1920, a atual Universidade Federal do Rio de Janeiro (UFRJ), à época denominada *Universidade do Rio de Janeiro*.

Contudo, o pensamento racional que se opunha à Igreja no que se refere ao público e à laicidade no ensino (Shiroma; Moraes; Evangelista, 2003) buscava alternativas na educação que viessem ao encontro do processo de industrialização que desembarcara no Brasil, trazendo em seu discurso as novas relações sociais, e atribuíam à educação a responsabilidade para incluir o novo cidadão de maneira eficaz na modernidade.

O fato é que a década de 1930 trouxe um novo perfil à sociedade brasileira. A "crise do café" (1929) iniciou o Brasil no desenvolvimento industrial "por meio da adoção do modelo econômico de substituição das importações, alterando assim o comando da nação que passou da elite aos novos industriais"[4]. Esse novo modelo impôs para a educação novas exigências. A reforma proposta por Francisco Campos, em 1931, trouxe uma estrutura mais orgânica nos níveis de ensino secundário, comercial e superior e ditou ao país as diretrizes da proposta educacional organizada pelo Ministério da Educação e da Saúde Pública (Mesp), criado em 1930.

Os decretos de Francisco Campos imprimiram uma nova orientação, "voltada para maior autonomia didática e administrativa, interesse pela pesquisa, difusão da cultura, visando ainda ao benefício da comunidade" (Aranha, 1996, p. 201). Essas reformas tinham em seu bojo a crença de que a sociedade só iria se transformar caso houvesse a transformação da escola, um outro tipo de formação para a cidadania, uma nova forma de produção e outro tipo de elite.

Assim, em 1931 foi criado o Estatuto das Universidades Brasileiras, com a promulgação do Decreto nº 19.851, de 11 de abril de 1931, bem como, nesse mesmo dia, foi criada a Faculdade de Educação, Ciências e Letras, para qualificar pessoas ao exercício do magistério, pelo Decreto nº 19.852/1931 (História da Educação no Brasil, 2009).

Devemos lembrar que a Constituição de 1891 definiu (art. 34, inciso 30°) como atribuição do Congresso Nacional "legislar sobre [...] o ensino superior e os demais serviços que na capital foram reservados para o governo da União". Uma dessas responsabilidades, e sem interferir nos governos locais, era a criação de instituições de ensino superior no Distrito Federal (Vieira; Farias, 2003).

Esse discurso coadunava-se com as propostas de Francisco Campos e de Getúlio Vargas, as quais incluíam, além do ensino oferecido na região urbana, com formação técnico-profissional, o prestado na área rural, com o objetivo de fixar o trabalhador ao campo e, assim, conter ações por parte dos trabalhadores que viessem de encontro às intenções do governo (Shiroma; Moraes; Evangelista, 2003).

2.1.2 O Manifesto dos Pioneiros da Educação Nova

Uma das mais importantes e significativas contribuições para a educação refere-se ao **Manifesto dos Pioneiros da Educação Nova** (1932) (Azevedo, 2006). Redigido por Fernando Azevedo e apoiado por vários educadores liberais, apesar da forte ideologia de seus criadores, ele defendeu em comum a escola pública e leiga, obrigatória e gratuita, e a coeducação como dever do Estado em âmbito nacional. Tendo em vista as novas relações sociais que se objetivavam no país, o manifesto apontava o vazio entre a educação e o desenvolvimento e, ainda, a esperança de transformação, por meio da escola, principalmente no seu aspecto técnico, reivindicando a escola básica única e criticando o sistema dual que defendia uma escola para os ricos e outra para os pobres (Shiroma; Moraes; Evangelista, 2003). Aliás, o Manifesto dos Pioneiros foi considerado a primeira tentativa de elaboração de um plano de educação para o país. Ele propôs novas bases pedagógicas, reformulação das políticas educacionais e do ensino superior, introduzindo a racionalidade científica na educação e contribuiu para a criação, em 25 de janeiro de 1934, da Universidade de São Paulo (USP) (Saviani, 1998).

O Manifesto dos Pioneiros, fundamentado nas **capacidades biológicas do ser humano**, intencionava um novo tipo de homem, ou seja, o novo homem ideal que não era mais determinado pela sua condição econômica e social, mas pelas suas aptidões naturais, como expressado a seguir, por Anísio Teixeira, no original:

> *a educação nova não póde deixar de ser uma reacção categorica, intencional e systematica contra a velha estructura do serviço educacional, artificial e verbalista, montada para uma concepção vencida. Desprendendo-se dos interesses de classes, a que ella tem servido, a educação perde o "sentido aristologico", para usar a expressão de Ernesto Nelson, deixa de constituir um privilegio determinado pela condição economica e social do individuo, para assumir um "caracter biologico", com que ella se organiza para a collectividade em geral, reconhecendo a todo o individuo o direito a ser educado até onde o permittam as suas aptidões naturaes, independente de razões de ordem economica e social.* (Teixeira, 1984)

Uma das preocupações de Anísio Teixeira era que a verdade fosse considerada como definitiva. Ele defendia que esta era algo a ser buscado continuamente frente aos fatos. Para ele, a escola deveria educar, e não instruir. Dessa forma o clamor da época coadunava-se com o otimismo pedagógico que buscava a reorganização didática e pedagógica da educação brasileira em todos os níveis de ensino. O pensamento de Anísio Teixeira tem suas bases inspiradas em John Dewey, para o qual a educação é a contínua construção e reconstrução da experiência (Ghiraldelli Júnior, 1994).

No que se refere ao ensino superior, o Manifesto dos Pioneiros defendia, além da ampliação profissional e técnica, a formação de pesquisadores em todas as áreas do conhecimento humano, pois era inspirado no ideário liberal.

Apregoava que o ensino superior deveria ter a função de investigação da ciência (pesquisa), transmitir o conhecimento já elaborado e popularizar as artes e a cultura. Significa dizer que a universidade deveria assentar-se no conceito de ciência, pois enfatiza que a pesquisa alimenta, estimula, toda e qualquer função.

A crítica feita pelo manifesto em relação às políticas de educação, então vigentes, referia-se à educação imediatista e utilitarista do ensino, sendo oportuno destacar que levantou a questão, ainda atual, do contínuo descaso do governo no que dizia respeito a uma remuneração que possibilite ao professor as suas manutenção e dignidade. Além disso, denunciou a necessidade existente na época de formar professores, em todos os seus graus, no ensino superior. Isso fica bastante claro no seguinte trecho do original, mostrado a seguir:

> O magisterio primario, preparado em escolas especiaes (escolas normaes), de caracter mais propedeutico, e, ás vezes mixto, com seus cursos geral e de especialização profissional, não recebe, por via de regra, nesses estabelecimentos, de nivel secundario, nem uma solida prepara-

ção pedagogica, nem a educação geral em que ella deve basear-se. A preparação dos professores, como se vê, é tratada entre nós, de maneira differente, quando não é inteiramente descuidada, como se a funcção educacional, de todas as funcções publicas a mais importante, fosse a unica para cujo exercício não houvesse necessidade de qualquer preparação profissional. Todos os professores, de todos os gráos, cuja preparação geral se adquirirá nos estabelecimentos de ensino secundario, devem, no entanto, formar o seu espirito pedagogico, conjunctamente, nos cursos universitarios, em faculdades ou escolas normaes, elevadas ao nivel superior e incorporadas ás universidades. (Teixeira, 1984)

A Igreja, contrária aos ideais desse manifesto nas questões de laicidade e de coeducação, sentiu-se agredida e fundou, em 1952, a Conferência Católica Brasileira de Educação (CCBE) nos mesmos moldes da Liga Eleitoral Católica (LEC), cujo objetivo era a "orientação" aos eleitores católicos no apoio a candidatos à Assembleia Constituinte que defendessem a religião e os princípios cristãos católicos, como o ensino religioso.

2.1.3 As políticas educacionais implementadas durante as Constituições de 1934 e 1937

Em meio a esses conflitos de ideais e interesses, foi aprovada a proposta de ensino primário obrigatório, gratuito e universal, sendo o Conselho Nacional de Educação (CNE) incumbido de elaborar o Plano Nacional de Educação (PNE). Além disso, instaurou-se, nesse período, a Constituição de 1934, a qual considerou parte do conteúdo do Manifesto dos Pioneiros, reforçou a educação dual e criou o concurso público para o magistério. O Estado, em 1937, voltou a ter o poder fiscalizador e regulador das instituições de ensino públicas e particulares e fixou percentuais mínimos para a educação (Libâneo; Oliveira; Toschi, 2003).

Logo após a promulgação da Constituição de 1934, a repressão obteve êxito sobre as manifestações populares que, no bojo de sua luta, propunham, entre outros, projetos liberais com vistas à ordem econômica e social, à família, à educação e cultura e à segurança nacional. Mesmo sendo a educação enfatizada pela sua importância, na formação política da população brasileira e ainda pela aprovação da proposta do ensino primário gratuito, o atendimento escolar era deficitário.

A Constituição de 1937, de cunho autoritário, contribuiu para que a discussão sobre a importância da educação com vistas à questão social cobrisse a intenção ideológica do Estado Novo, o qual referendava em sua propaganda a preocupação com as classes menos favorecidas, sinalizando o cenário político do Brasil de cunho ditatorial. Este outorgava poderes irrestritos ao presidente da República, entre eles, além de não oportunizar o desenvolvimento para a educação, reforçou a dualidade da educação entre ricos e pobres, acentuando o caráter discriminatório da Constituição, principalmente quanto à gratuidade do ensino firmada na constituição anterior (Vieira; Farias, 2003).

Aprovada pelo governo de Getúlio Vargas, a Lei n° 452, de 5 de julho de 1937, organizou a Universidade do Brasil (Faculdade Nacional da Educação), a qual é incumbida de preparar intelectuais, pesquisa e candidatos dos magistérios secundário e normal.

A União Nacional dos Estudantes (UNE), constituída em 1938, tinha como propostas a universidade para todos, a diminuição das taxas de exame e de matrícula, o exercício da liberdade de pensamento, a independência das universidades perante o Estado, as eleições de diretores por alunos e professores, entre outras reivindicações que serviram de bandeira contra o Estado Novo. No entanto, foi no período da Ditadura (pós-1964), quando a questão do poder* se tornou nuclear

---

* A centralização ou a descentralização tratam da forma pela qual se encontra organizada a sociedade, como se assegura a coesão social e como se dá o fluxo de poder na sociedade civil, na sociedade militar e no Estado, explorando aspectos como os partidos políticos e a administração.

para a organização do ensino, que a UNE teve participação fundamental e sofreu repressão proporcional.

Ao pensarmos nas políticas educacionais, principalmente na temática relacionada com "poder", surge um campo vasto para a investigação e a reflexão. Esse, contudo, é um assunto que exige uma obra específica para si (o papel do "poder"). O que não é o caso deste livro, embora seja uma perspectiva necessária para fazermos uma leitura crítica dos processos que aqui são apresentados. Assim, sugerimos que você pondere sobre a concepção que diz ser o aumento de poder para uns e a diminuição do poder para outros o retrato do tipo de diálogo social estabelecido para assegurar o imbricamento entre a segurança e a unidade social que se reflete em conflitos e dificuldades para o pensar e agir democrático da educação nacional (Libâneo; Oliveira; Toschi, 2003).

O Brasil direcionava-se rapidamente para a expansão de uma sociedade urbano-industrial. Nessa estrutura, a educação tem lugar especial, razão pela qual o Estado procurou por políticas que se constituíssem em um ensino mais apropriado para a modernização do país, com ênfase na capacitação para o trabalho e na formação de elites.

2.1.4 As reformas de Gustavo Capanema

As reformas de Gustavo Capanema, ministro da Educação e da Saúde (1942), conhecidas como **Leis Orgânicas do Ensino**, contribuíram para que o governo estabelecesse diretrizes sobre todos os níveis de educação, visto que no "governo provisório" apenas os níveis secundário, comercial e superior foram estruturados. Sobre isso, Shiroma, Moraes e Evangelista (2003, p. 26-27) dizem que

> *Entre 1942 e 1946 foram postos em execução os seguintes decretos-leis:*
> *1) Decreto-Lei nº 4.048/1942, Lei Orgânica do Ensino Fundamental;*
> *2) Decreto-Lei nº 4.073/1942 cria o Serviço Nacional de Aprendizagem*

Industrial (Senai) – outros decretos se seguiram a este, completando a regulamentação da matéria; 3) Decreto-Lei nº 4.244/42, Lei Orgânica do Ensino Secundário; 4) Decreto-Lei nº 6.141/1943, Lei Orgânica do Ensino Comercial; 5) Decretos-Lei nº 8.529 e nº 8.530/1946, Lei Orgânica do Ensino Primário e Normal, respectivamente; 6) Decretos--Lei nº 8.621 e nº 8.622/1946, cria o serviço Nacional de Aprendizagem Comercial (Senac); 7) Decreto-Lei nº 9.613/1946, Lei Orgânica do Ensino Agrícola.

Mesmo com o aumento do poder do Estado sobre o ensino, notamos, considerando a citação mostrada, as camadas menos favorecidas foram exclusas, uma vez que, por causa da necessidade de trabalho, só poderiam usufruir de uma preparação voltada para esse fim.

A industrialização chegou ao país e desembarcou precisando de mão de obra. Assim, com o objetivo de suprir a incapacidade do governo, através do sistema formal de ensino, de oferecer a formação necessária que os profissionais da indústria precisavam, foi fundado em 1942 o Serviço Nacional de Aprendizagem Industrial (Senai). Este era coordenado pela Confederação Nacional das Indústrias (CNI), responsável pela criação e pela organização de escolas. No entanto, mais tarde foi reconhecida como dever do Estado a preparação a mão de obra para o mercado de trabalho industrial, e o organismo sindical patronal da indústria assumiu o ensino técnico industrial.

De forma sucinta, para estabelecermos as conexões desse período de transição e reformas, podemos dizer que a Reforma Capanema, decretada entre 1942 e 1946, intencionava primeiramente propor uma lei para todo o ensino, e só depois elaborar um plano de educação, cujo objetivo era o de controlar e de orientar a educação no país. Por sua vez, a Constituição de 1946 exigiu a criação da LDBEN, além de orientar o processo de redemocratização do país com o fim do Estado Novo e a retomada do Estado de direito, trazendo a garantia dos direitos individuais de expressão, reunião e pensamento. No entanto, apesar da retomada do processo de redemocratização, a educação continuou a mesma (Cunha, 2000).

Foi perceptível na nova Constituição (1946) a preocupação com a gratuidade do ensino público, havendo a necessidade, por parte do cidadão, de provar a falta ou a insuficiência de recursos. Por outro lado, ela previa a transferência às empresas da responsabilidade quanto à educação dos empregados e dos filhos destes, desde que tivessem uma centena ou mais de funcionários.

Ainda sob a influência dessas reformas e ideias houve a criação e a organização de instituições e organismos públicos e privados cuja influência na educação superior foi e/ou é muito forte: o Instituto Tecnológico de Aeronáutica (ITA), a Sociedade Brasileira para o Progresso da Ciência (SBPC), o Conselho Nacional para o Desenvolvimento Científico e Tecnológico (CNPq), a Coordenação de Aperfeiçoamento de Pessoal de Nível Superior (Capes), entre outros.

O ITA foi criado pelo Decreto nº 27.695, de 16 de janeiro de 1950. A sua finalidade ficou estabelecida, posteriormente, pela Lei nº 2.165 de 5 de janeiro de 1954, a qual o definiu "como órgão de ensino superior do Ministério da Aeronáutica, tendo por finalidade formar profissionais de alto nível de concepção, realizar pesquisas e atividades de extensão universitária, no campo da tecnologia avançada, prioritariamente de interesse aeroespacial" (Instituto Tecnológico de Aeronáutica, 2009). Esse instituto foi estruturado em moldes vindos dos Estados Unidos e posteriormente influenciou na criação da Universidade de Brasília (UnB).

Desde a sua criação, houve no ITA o que se chama de **atividade de pós-graduação no sentido lato**: seminários, cursos especiais avançados, cursos de atualização etc. Em 1961, essas atividades foram organizadas formalmente em uma estrutura de matérias de pós-graduação e tese, iniciando-se um programa de formação de mestres nas áreas de engenharia aeronáutica, eletrônica e mecânica, em física e em matemática. Essa iniciativa marcou no Brasil, não apenas o início da pós-graduação em Engenharia, como introduziu o mestrado e o modelo que viria a ser adotado por outras instituições de engenharia e de outras áreas do conhecimento. O primeiro título de mestre conferido pelo ITA foi em 1963, e o primeiro título de doutor em 1970, marcando o pioneirismo do ITA em termo de Brasil.

Atualmente, o ITA através dos cursos de graduação, é responsável pela formação de engenheiros de alto nível nas especialidades de engenharia aeronáutica, engenharia eletrônica, engenharia mecânica-aeronáutica, engenharia de infraestrutura aeronáutica e engenharia de computação.

Fonte: INSTITUTO TECNOLÓGICO DE AERONÁUTICA, 2009.

A SBPC foi fundada em 1948. Constituiu-se assim uma associação em prol da ciência, nascida das vontades de cientistas e/ou de professores com o intuito de promover o desenvolvimento científico e tecnológico no país, bem como para "articular a comunidade científica para superar a exclusão dos pesquisadores dos mecanismos governamentais responsáveis pela definição de políticas e estratégias de desenvolvimento científico e tecnológico" (Universidade Federal de Santa Catarina, 2005). Desafio este que se mantém no início do século XXI.

Pela urgência de modernização das universidades e de formação de professores pesquisadores, foram fundados o CNPq e a Capes. O primeiro foi criado para ser uma agência cuja atuação deveria apoiar a pesquisa e formar recursos humanos na área científica e tecnológica. Fundado em 17 de abril de 1951, pode ser definido como uma instituição executora das políticas de ciência e tecnologia (Radiobrás, 2009).

A Capes, por sua vez, originou-se com a Campanha Nacional de Aperfeiçoamento de Pessoal de Nível Superior, em 11 de julho de 1951, instituída pelo Decreto nº 29.741, cujo propósito era o de "assegurar a existência de pessoal especializado em quantidade e qualidade suficientes para atender às necessidades dos empreendimentos públicos e privados que visam ao desenvolvimento do país" (Brasil, 2009b). Essa instituição, criada no segundo governo Vargas, representou o objetivo político e econômico daquele momento, ou seja, a construção de uma nação livre e independente. Para isso, havia a necessidade de formar especialistas e pesquisadores em várias áreas do conhecimento: química, matemática, física, finanças, bem como nas pesquisas sociais. Dois anos depois, 1953, foi implantado o Programa Universitário, uma linha de atuação da Capes junto às universidades e institutos de ensino superior (Brasil, 2009b).

2.1.5 O Anteprojeto de Lei de Diretrizes e Bases

Em 1946, a Constituição promulgada dentro dos princípios liberais e democráticos garantia legalmente a liberdade e o direito à educação em todos os níveis para toda a população, junto com a iniciativa privada. Em 1947, Clemente Mariani, ministro da Educação e Saúde e membro da União Democrática Nacional (UDN), junto de uma comissão indicada pelo governo, sendo seus membros compostos por diferentes tendências, propôs uma reforma geral da educação nacional e, depois de incansáveis debates, em 1961, foi promulgada a Lei de Diretrizes e Bases da Educação Nacional (LDBEN), através da Lei nº 4.024/1961.

O Anteprojeto de Lei de Diretrizes e Bases (1948), subscrito por Clemente Mariani, resultou do trabalho de educadores e insuflou discussões por um período de 13 anos, sendo promulgado em 1961 com um substitutivo do deputado Carlos Lacerda, principal representante dos interesses mais conservadores. Esse anteprojeto trouxe à baila a questão da **liberdade de ensino**, contrapondo-se, dessa maneira, à crítica dos escolanovistas quanto à descentralização do ensino e preconizou a igualdade de recursos técnicos e financeiros para a educação pública e privada, conforme indica a Lei nº 4.024/1961: "Financiamento a estabelecimentos mantidos pelos estados, municípios e particulares para a compra, construção ou reforma de prédios escolares e respectivas instalações e equipamentos, de acordo com as leis especiais em vigor."

A Lei nº 4.024/1961 fixou as Diretrizes e Bases da Educação Nacional e estabeleceu que caberia (art. 6º) ao "Ministério da Educação e do Desporto exercer as atribuições do poder público federal em matéria de educação, formular e avaliar a política nacional de educação, zelar pela qualidade do ensino e velar pelo cumprimento das leis que o regem." No artigo 8º, estabeleceu ainda que:

> *A Câmara de Educação Básica e a Câmara de Educação Superior serão constituídas, cada uma, por doze conselheiros, sendo membros natos, na Câmara de Educação Básica, o secretário de Educação Fundamental e na Câmara de Educação Superior, o Secretário de Educação Superior, ambos do Ministério da Educação e do Desporto e nomeados pelo Presidente da República.*
>
> *[...]*
>
> *§ 3º Para a Câmara de Educação Superior a consulta envolverá, necessariamente, indicações formuladas por entidades nacionais, públicas e particulares, que congreguem os reitores de universidades, diretores de instituições isoladas, os docentes, os estudantes e segmentos representativos da comunidade científica.*

A referida lei, no tocante à formação de professores, estabeleceu a formação superior para o ensino das disciplinas específicas nos cursos normais de nível médio, a realização de estágios, a realização de provas para ingresso na carreira de ensino público e incluiu a exigência de registro para o exercício do magistério.

Nesse cenário, a escola particular confrontava-se e pressionava o governo para a permanência das e nas verbas públicas, pois na Constituição de 1946 a educação surgiu como "direito de todos". Apesar de toda a pressão exercida pelos dois lados na intenção de obter recursos financeiros, pela criação do Conselho Federal de Educação (CFE) e dos Conselhos Estaduais de Educação (CEE), a participação da representação da escola particular é permitida.

Assim, o embate entre escola pública e escola particular, surgido a partir da proposta de Clemente Mariani, "deslocou o eixo das preocupações do âmbito político-partidário, mais próximo da esfera da 'sociedade política', para o âmbito de uma luta ideológica que envolveu amplamente a sociedade civil" (Saviani, 1999, p. 38).

Para definirmos um retrato do processo que se desenvolveu no âmbito das políticas educacionais daquele período, vamos destacar alguns aspectos fundamentais em Rothen (2008):

- ~ o CFE foi instaurado pela Lei nº 4.024/1961, a denominada LDBEN/1961, sendo instalado no ano de 1962;
- ~ o processo de discussão, de elaboração e de aprovação da LDBEN/1961 aconteceu entre os anos de 1947 e de 1961;
- ~ a marca principal do período de elaboração da LDBEN/1961 foi o embate entre os escolanovistas e os católicos;
- ~ As questões que determinaram diferentes posições durante a discussão da LDBEN/1961 foram as seguintes:
    a. centralização ou não pela União do processo educativo;
    b. a defesa da escola pública *versus* a escola privada;
    c. a vinculação ou não da educação ao desenvolvimento econômico.

Nesse contexto, a crise econômica deflagrada pela redução do capital estrangeiro, o crescimento da inflação e da organização de sindicatos de trabalhadores rurais e urbanos, a organização dos estudantes através da UNE e as organizações populares aumentavam o clamor por reformas de base (Shiroma; Moraes; Evangelista, 2003); por outro lado, a vitória de Fidel Castro, em Cuba, em 1959, fortaleceu os defensores da ideologia conservadora no Brasil.

O primeiro PNE, criado em 1962, por iniciativa do MEC, e não como projeto de lei, era instrumento de distribuição de recurso para os diferentes níveis de ensino, na realidade era um conjunto de metas a serem alcançadas num período de oito anos (Azanha, 1998). O Parecer CFE nº 292/1962 passou a determinar a carga horária e o currículo dos cursos de licenciatura, incluindo estágios em escolas da comunidade.

Enquanto tudo isso acontecia, no âmbito do ensino, em decorrência da procura de mão de obra especializada e do fato de o ensino técnico não receber a necessária atenção dos órgãos governamentais, muitas indústrias foram obrigadas a proporcionar formação em serviço. Apesar dessa situação, as décadas de 1950 e 1960, como já foi visto, foram marcadas pela preocupação do Estado com a educação, pois ela era considerada, naquele período de intenso desenvolvimento técnico, como mola propulsora para os recursos humanos, conforme os padrões do modelo de industrialização inspirados pela criação do Senai, incluindo questões políticas como o controle e gestão da educação e financiamentos.

Esse foi um período que convergiu para situações marcantes, inclusive um golpe de Estado (1964), com novas formas de centralização e de descentralização e o controle por parte do poder central, colocando a educação em via paralela ao sistema econômico. Portanto, se com a saída de Vargas, em 1945, o processo de democratização foi retomado, com o golpe de 1964, entre outros interesses, foram atenuados os sonhos e os desejos para o ingresso no ensino superior, pois incentivava claramente o ensino técnico-profissional e beneficiava a iniciativa privada, especialmente no que se refere às políticas para o ensino superior.

Nessa perspectiva, foi negada ao homem a sua emancipação, bem como a construção das suas potencialidades por meio do trabalho pelo próprio homem, e não no trabalho dividido e/ou fragmentado que os torna cidadãos alheios à sua própria cidadania. Isso fez com que o trabalhador fosse excluído da vida política, da cultura e da ciência.

A LDBEN permaneceu sob as ideias da **Reforma Capanema**. E, mesmo sendo um processo de ensino seletivo e excludente, gerou inquietude e esperança de possibilidade de educação para todos, já que prevaleceu **a estratégia da conciliação**, representando uma **solução de compromissos** (Saviani, 1999).

O Plano Nacional de Alfabetização (PNA), proposto no governo João Goulart, não sobreviveu ao golpe de 1964, cujo propósito garantiu ao capital o poder a todo custo, calou a população, impôs a censura e as aposentadorias compulsórias, dissolveu as organizações políticas e dos estudantes, além de introduzir a tortura como instrumento auxiliar no controle político e ideológico da intelectualidade e das artes no país. Com esses atos calaram toda e qualquer oposição, abrindo as portas para o capital estrangeiro no país, sob a forma de empréstimos ou investimentos, e ainda para a instalação de indústrias no Brasil. Nesse período não só foi reestruturada a economia, conforme os objetivos da Revolução, como também interferiram no cenário educacional.

De forma estratégica, estruturaram-se os laços entre política econômica e educação para formar o mercado de trabalho através do Plano Decenal de Desenvolvimento Econômico e Social, o qual fundamentava o processo de desenvolvimento econômico do país. Para organizar esse processo, inúmeras leis, decretos-leis e pareceres foram elaborados, objetivando a manutenção do controle político e ideológico pelo governo, justificando o regime de exceção.

Além disso, a Constituição de 1967 não contemplava financeiramente a educação, seguindo as orientações dos organismos internacionais para investimentos. As reformas educacionais que aconteceram foram inspiradas e orientadas pelos acordos celebrados com agências estrangeiras. Aqui citamos os Acordos MEC-Usaid, feitos pelo MEC com a United State Agency for International Development (Usaid), seguindo corretamente a cartilha desenvolvimentista.

No cenário descrito, duas leis e outros tantos decretos-lei foram proclamados para a educação. A primeira regulamentava a reforma universitária, instituía os princípios para a organização e funcionamento do ensino superior e sua articulação com a escola média (Lei nº 5.540/1968); a segunda fixava as diretrizes e bases para o ensino de primeiro e segundo graus (Lei nº 5.692/1971) (Vieira; Farias, 2003).

Ao final da década de 1960, aconteceu o movimento da reforma universitária, elaborada no interior do regime autoritário, a qual se consolidou com a Lei de Diretrizes e Bases da Educação Superior, Lei nº 5.540 de 1968. A duração dos cursos de licenciatura foi redefinida pelo Parecer CFE 52/1965.

Na prática, no período de 1950 a 1970, observamos a descentralização do ensino superior, a criação de uma universidade federal em pelo menos um estado e em alguns o surgimento de universidades estaduais, municipais e as particulares. Essa expansão na vertente da descentralização foi seguida na LDBEN de 1961. Com o surgimento da universidade, as pesquisas tornam-se parte integrante de professores e alunos. Durham (1998, p. 11) esclarece que

> [as] pesquisas são atividades cada vez mais dispendiosas, exigindo investimentos vultuosos em infraestrutura, que compreendem laboratórios e equipamentos muito caros [...] pessoal altamente treinado e qualificado, integralmente dedicado à universidade, o que implica salários mais elevados do que o dos antigos professores, que aliavam o ensino ao exercício de uma profissão liberal.

O processo de industrialização, no período de 1960 a 1970, trouxe a concentração urbana e a exigência de formação de mão de obra industrial e de serviços. Essa situação exigiu que houvesse um aumento significativo de vagas no ensino superior. Em função da impossibilidade de o governo atender a essa demanda, inúmeros cursos foram aprovados pelo CFE, e consequentemente novos instrumentos de acesso ao ensino superior foram elaborados, por exemplo, as provas passaram a ser de múltipla escolha, quando antes eram dissertativas e/ou orais. Essa pressão por expansão de vagas, que trouxe uma variedade de cursos e de carreiras, além de um ensino muito complexo, exigia que o corpo docente fosse não só qualificado, mas também diversificado.

Desmembrada a Faculdade de Filosofia, Ciências e Letras, criou-se com o Decreto-Lei nº 53/1966 a Faculdade de Educação para a formação de professores. Tanto a reforma administrativa (Decreto-Lei nº 200/1967) quanto a Lei nº 5.540, de 1968, consolidaram as mudanças na área universitária, iniciadas após 1964, com o objetivo da racionalização dos serviços e da modernização do aparato estatal, visto o crescimento das universidades.

Além disso, são perceptíveis o início do mercantilismo na educação e a queda da qualidade pela falta de planejamento, de fiscalização e de instrumentos de avaliação, bem como de acompanhamento adequado por parte do governo. Outra situação refere-se à concepção tecnicista de educação, visto a racionalidade técnica que estava estabelecida, na medida em que o MEC era subordinado ao Ministério do Planejamento (Saviani, 1998).

Ainda na década de 1960, período da Ditadura Militar, muitas das propostas e das intencionalidades de qualificação e de aprimoramento para o setor público ficaram comprometidas por causa do esgotamento financeiro por parte do governo em prover recursos para os seus próprios programas. No tocante ao ensino superior, as ações foram apenas de emergência ou ainda para conter situações indesejáveis da política de expansão. "A inspiração das Reformas Educacionais aqui realizadas estava na nova opção da política econômica, aberta inteiramente aos investimentos estrangeiros" (Vieira, 1995, p. 216).

É importante lembrar dos acordos MEC-Usaid que prestavam apoio técnico e financeiro ao Brasil. O objetivo era amarrar o sistema educacional Brasileiro ao modelo econômico dependente do interesse norte-americano, visto anteriormente, com a intenção de substituir as universidades sustentadas pelo poder público, trouxeram uma forma de educação baseadas em fundações e para o ensino superior trouxeram a visão empresarial.

Merecem destaque as resistências enfrentadas por Anísio Teixeira naquele momento, em função de seus projetos para as instituições de educação. O pensamento contrário a ele se deve em boa parte pela criação da Universidade do Distrito Federal (UDF), implantada em 1934, da Universidade de Brasília (UNB), em 1961 (quando houve intervenção da Ditadura Militar), da defesa da primeira LDBEN e das críticas sobre a Reforma Universitária de 1968.

2.1.6 A Reforma Universitária de 1968

Há controvérsias entre os autores em suas exposições sobre a origem da Lei nº 5.540/1968. Alguns estudiosos dizem ter sido ela resultado do relatório Meira Mattos[*] e do Relatório Atcon. O primeiro foi presidido pelo general Carlos de Meira Mattos e era responsável por avaliar a causa da crise da educação superior, ou seja, a crise do excedente, e não do ensino, por causa da agitação dos estudantes em função da não existência de vagas no ensino superior. Nesse relatório, além de extinguir a cátedra, o vestibular passou a ser classificatório, reuniu as

---

[*] Para ler a entrevista feita por Otávio Luiz Machado com o General Meira Mattos, acesse: <http://www.ichs.ufop.br/cadernosdehistoria/download/CadernosDeHistoria-02-08-Livre.pdf>.

faculdades em universidades, criou o regime de crédito e "a nomeação dos reitores e diretores de unidade (está agora dividida em departamentos) dispensa a necessidade de ser do corpo docente da universidade, podendo ser qualquer pessoa de prestígio da vida pública ou empresarial" (Aranha, 1996, p. 214). O segundo, elaborado pelo teórico norte-americano Rudolph Atcon, era contra a posição do executivo por causa da imposição de cima para baixo de um modelo único de universidade.

No entanto, estudos mais recentes (2008) apresentam a Comissão Meira Mattos e o Grupo de Trabalho da Reforma Universitária (GTRU) como os responsáveis pela elaboração da Reforma Universitária de 1968.

> [A] comissão era presidida pelo coronel Meira Mattos, do Corpo Permanente da Escola Superior de Guerra, sendo os seus outros membros o professor Hélio de Souza Gomes, diretor da Faculdade de Direito da UFRJ; o professor Jorge Boaventura de Souza e Silva, diretor-geral do Departamento Nacional de Educação; o promotor-público Afonso Carlos Agapito e o coronel-aviador Waldir de Vasconcelos, secretário-geral do Conselho de Segurança Nacional (Fávero, 1977, p. 60).
> "[O Grupo de Trabalho da Reforma Universitária tinha os seguintes] membros efetivos: ministro Tarso Dutra, da Educação e Cultura, como seu presidente; Antônio Moreira Couceiro, professor da Universidade Federal do Rio de Janeiro e presidente do CNPq; Pe. Fernando Bastos D'Avila, vice-reitor da PUC/RJ; João Lyra Filho, reitor da Universidade do Estado da Guanabara; João Paulo dos Reis Velloso, representante do ministro do Planejamento; Fernando Riveiro do Val, representante do Ministro da Fazenda; Roque Spencer Maciel de Barros, professor da Universidade de São Paulo, Newton Sucupira, professor e ex-reitor da Universidade Federal de Pernambuco e membro

do CFE; Valnir Chagas, professor e diretor da Faculdade de
Filosofia da Universidade Federal do Ceará e membro do CFE,
e Haroldo Leon Perez, representante do Congresso Nacional"
(Nicolato, 1986, p. 272). Os dois estudantes declinaram da
nomeação.

Fonte: ROTHEN, 2008.

Considerando essa diversidade de explanações decidimos apresentar os dois trechos a seguir, um de Nicolato (1988), a qual informa que o relatório Atcon

> defende a criação de departamentos; separação das funções de formulação e execução da política universitária; a contratação de administradores profissionais com capacidade gerencial para a execução administrativa; desvinculação do pessoal docente do Dasp e revisão da política salarial para enfrentar o problema da baixa qualidade do ensino.

E o outro de Cunha (2000, p. 182), que, ao falar sobre a Reforma, apresenta uma série de detalhes objetivos.

> A reforma ainda fragmenta as Faculdades de Filosofia, Ciências e Letras, resultando na criação das Faculdades ou Centros de Educação e ainda desencadeando, na estruturação das universidades brasileiras em quatro modelos básicos:
> a) a agregação dos departamentos em alguns poucos centros;
> b) a reunião dos departamentos em número maior de institutos, faculdades ou escolas;

c) *a ligação dos departamentos diretamente à administração superior, sem instâncias intermediárias; e*

d) *a superposição dos centros às faculdades, aos institutos e às escolas.*

O processo de discussão da Lei nº 5.540/1968

No que se refere à Lei nº 5.540/1968, destacamos a maneira como foi conduzida a sua elaboração por meio da leitura dos relatórios da Comissão Meira Mattos e do GTRU feita por Rothen (2008):

> *No ano de 1968, diante das reivindicações do movimento estudantil, são instaladas, pelo governo militar, sucessivamente, duas comissões para apresentarem propostas para conter a onda de agitações e para formular um conjunto de soluções realistas para a universidade brasileira: a Comissão Meira Mattos e o Grupo de Trabalho da Reforma Universitária.*

Nesse cenário, é possível perceber uma orientação muitas vezes divergente entre a Comissão Meira Mattos (talvez um grupo de intervenção militar) e o GTRU oriundo do CFE, pois é importante destacar que estudos recentes deixam visível que havia posições contraditórias entre essas duas comissões. No entanto, os relatórios de ambas defenderam como teses principais para a implantação da Reforma Universitária o fato de que:

~ *haveria carência de recursos humanos para o desenvolvimento do país;*

~ *a universidade não estaria atendendo às demandas do mercado de trabalho e da evolução tecnológica; haveria necessidade de estar atenta às exigências do mercado de trabalho;*

~ *a expansão do ensino superior deveria ser planejada para atender as áreas prioritárias para o desenvolvimento país;*

~ *[havia necessidade de] elaboração de um planejamento para a expansão do ensino superior, evitando assim a concentração de cursos de uma mesma área;*

~ uma das funções da universidade seria a de desenvolver tecnologia. (Rothen 2008)

Embora aprovada em regime de urgência, devemos estar atentos para o fato de que a partir do estudo da apresentação dos pareceres do CFE por Nicolato, citada por Rothen (2008), é possível concluir que "os princípios que nortearam a Reforma Universitária de 1968 foram discutidos no Conselho desde a sua instalação em 1962". Aliás, ainda fazendo uma leitura desses pareceres, foi observado que nas discussões dos conselheiros destacavam-se aqueles temas referentes aos princípios fundamentais da Reforma de 1968, ou seja, "a autonomia universitária, institutos centrais, desenvolvimento da pesquisa na universidade, indissociabilidade entre ensino e pesquisa, os ciclos básico e profissional, o tempo integral e a instituição da carreira do magistério" (Rothen, 2008).

Consideramos oportuno, para entender o processo de elaboração dessa reforma, uma descrição de aspectos pertinentes ao trabalho das duas comissões. Ainda tomando por base os estudos de Rothen (2008), podemos considerar que a maior divergência encontrada nos dois relatórios se refere à participação estudantil na vida acadêmica, pois se, por um lado, ambos concordavam que ela era importante, por outro, o Relatório da Comissão Meira Mattos enfatizava que naquele momento era impraticável em função das condições políticas, uma vez que consideravam a maioria dos estudantes como ativistas de esquerda. No entanto, nas questões relativas ao financiamento do ensino superior, concordavam na maior parte das propostas. Entre elas:

~ racionalizar o uso dos recursos disponíveis;
~ aumentar o investimento do governo federal na educação;
~ planejar a expansão das universidades;
~ cobrar anuidade dos estudantes com renda familiar mais alta.

O fato é que os dois documentos deixam visível que houve um

embate entre posições ideológicas contrárias, no entanto, a elaboração de propostas, na maioria das vezes, convergiu para a mesma direção ou para a proposição de políticas de educação idênticas, o que divergia era a justificativa ou o objetivo. Nesse contexto, vamos relacionar uma série de proposições que deram corpo à Reforma Universitária de 1968:

~ Consideravam a educação universitária fundamental para o desenvolvimento econômico.
~ A função da educação universitária não deveria ser voltada unicamente para a formação profissional, mas deveria, sim, contribuir para a formação do sujeito.
~ Um ciclo comum básico em relação às diversas áreas deveria ser implantado.
~ A educação universitária deveria ser contemplada com três tipos de cursos: os de curta duração, os com duração prolongada e os de pós-graduação.
~ O fim da cátedra e a implantação do Estatuto do Magistério para o corpo docente do ensino superior.
~ A criação de um sistema universitário em que houvesse instituições de excelência e instituições de formação profissional.

As especificidades da Lei nº 5.540/1968

Assim, a Reforma Universitária, Lei nº 5.540, de 28 de dezembro de 1968, aprovada em caráter de urgência pelo Congresso Nacional, na vigência do governo Costa e Silva, propostas trazidas por especialistas estrangeiros com ideias internas.

Essa lei recebeu, em 11 de fevereiro de 1969, o Decreto-Lei nº 464/1969, o qual tinha por objetivo garantir a "eficiência, modernização e flexibilidade administrativa" da universidade brasileira, tendo em vista a "formação de recursos humanos de alto nível para o desenvolvimento do país", ou seja, para o processo de industrialização nacional, que aos olhos estrangeiros era altamente lucrativo (Saviani, 1999).

É importante enfatizar que a Reforma Universitária, entre outras ações extinguiu as cátedras, introduziu para os professores o regime de trabalho de tempo integral e dedicação exclusiva, criou a estrutura de departamentos, o vestibular eliminatório, instituiu os créditos por disciplina e implantou a indissociabilidade entre ensino, pesquisa e extensão.

Aos educadores impôs a tarefa de executar as decisões do poder referentes à educação, com o intuito de acelerar o processo de modernização, sendo essa tarefa rigorosamente controlada pelo governo. Por outro lado, não foi possível controlar por parte do governo o crescimento acelerado de instituições isoladas de ensino superior e do aumento de vagas, resultando na não absorção desses profissionais pelo mercado de trabalho. Essa situação ocasionou, pouco tempo depois, a reforma do ensino primário e secundário, com vista à formação técnica, isto é, para o trabalho no sentido de conter a demanda no ensino superior.

Nesse âmbito, instaurou-se a Lei nº 5.692/1971, a qual ampliou para oito anos a obrigatoriedade escolar (ensino fundamental), renegando o aspecto qualitativo do ensino, enfatizando apenas o quantitativo, impossibilitando a revisão da organização escolar e diminuindo os recursos financeiros destinados à educação, bem como privilegiando e favorecendo o aspecto profissionalizante e trazendo o caráter tecnicista, verificado na ênfase do aprimoramento técnico e na eficiência da produtividade em busca do máximo de resultado com o mínimo de dispêndio (Saviani, 1999). Essa formação vinha em atendimento às exigências do sistema econômico capitalista que já estava delineado no Brasil.

A crise econômica dos anos 1970 resultou na estagflação. O aumento do preço do petróleo durante a "crise do petróleo" atingiu também as bases políticas do regime militar. Um novo discurso surgiu e apontou em direção às políticas sociais, em que a educação estava inserida e, por isso mesmo, utilizada para tornar grandioso o discurso, que garantia a diminuição das desigualdades na distribuição de renda.

2.1.7 O panorama das políticas educacionais no período pós-ditadura

Com o fim da guerra-fria e com a substituição da ditadura por um novo governo, foi retomada a implantação da democracia, com bases capitalistas, e vivenciado outro momento nas relações internacionais. Foi feita a reforma do Estado no Brasil (em que, lado a lado com o discurso de modernidade, o governo intencionalmente diminuiu a sua responsabilidade quanto às políticas públicas) e foram impostas ao trabalhador novas formas de gestão e de intervenção do Estado para a manutenção da expansão do capital no âmbito do neoliberalismo. Assim, o Estado organizou inúmeras reformas (nos anos pós-1980) nas políticas educacionais, estreitando os laços entre as políticas educacionais e o setor econômico sob a orientação dos organismos internacionais.

A expansão das universidades particulares nas décadas de 1980 e de 1990 foi enorme, bem como a prática da isenção fiscal para os empresários da área. Na década de 1980, a tendência neoconservadora, até hoje instalada, trouxe a minimização do Estado, cuja responsabilidade era prover os serviços públicos, como a educação e a saúde, e passou a descentralizar as responsabilidades e a centralizar o poder. No que se refere a esses processos, "a função essencial de formação que é atribuída às instituições educativas enfrenta as tensões que vão das mais altas e universais categorias da pesquisa e da construção de sínteses compreensivas até as mais corriqueiras capacitações para preenchimento de postos de trabalho pouco exigentes" (Dias Sobrinho, 2005, p. 34).

É importante ressaltar que, em parte, apesar dos processos de redemocratização, a educação superior, na sua caminhada histórica, contribuiu para a manutenção dos privilégios das elites sociais. Isso significa reafirmar que as inúmeras mudanças nos sistemas educativos e nas instituições relacionam-se com as transformações políticas, econômicas e sociais que ocorrem nos diferentes momentos postos à sociedade (Dias Sobrinho, 2005).

É inegável que a promulgação da CF de 1988 promoveu condições para mudanças na educação no Brasil e trouxe a esperança de reordenar a situação educacional no país. Assim, as organizações de oposição (Associação Nacional pela Formação dos Profissionais da Educação – Anfope, Sindicato Nacional dos Docentes das Instituições de Ensino Superior – Andes, Associação Nacional de Pós-Graduação e Pesquisa em Educação – Anped), as quais, já na década de 1970, reivindicavam mudanças no sistema educacional, passaram a exigir a constituição de um sistema social de educação orgânico no qual "se firmou a concepção de educação pública gratuita como direito público subjetivo e dever do Estado concedê-la. Defendia-se a erradicação do analfabetismo e universalização da escola pública visando a formação de um aluno crítico" (Shiroma; Moraes; Evangelista, 2003, p. 47).

No plano político-administrativo, com a eleição direta de governadores, a educação ganhou alguma autonomia. Os educadores passaram a impulsionar as políticas educacionais e renovaram em seus pares o desejo de aperfeiçoar as propostas para a educação.

Contudo, era ainda necessário vencer o poder centralizador do Estado, o qual continuava a fragilizar as articulações para a melhoria da educação por meio de ações diretas com estados e municípios. A educação, nesse período, continuou sendo prejudicada no que se refere ao financiamento, posto que a centralização ainda era a base política, interferindo na separação das relações entre os estados e os municípios e ainda na falta de recursos.

Com a eleição de Collor (início da década de 1990), o Executivo e o Legislativo trataram os problemas do país com favores ou clientelismo. Iniciaram-se nesse período as privatizações das estatais e as políticas sociais passaram a ser um escritório de intenções privadas. O ensino superior para o governo Collor, sob base modernista, estabeleceu para as IES a responsabilidade pela formação de recursos humanos para o mercado de trabalho. Devemos destacar que, nessa época, o acesso ao ensino superior foi prejudicado pelo confisco das poupanças.

De forma geral a educação, em todos os níveis de ensino, nesse governo, passou despercebida. Duas situações contextualizam de forma expressiva o que acontecia com a educação superior:

~ a primeira refere-se às greves das universidades federais que "resultou [sic] em incentivos para o mestrado e doutorado, o que iria traduzir-se na [...] desenfreada busca pela titulação" (Vieira, 2000);

~ a segunda diz respeito às aposentadorias para servidores públicos federais "que permitia aos docentes a aposentadoria com proventos integrais, muitas vezes com salários superiores à ativa" (Vieira, 2000, p. 12). No mais, a educação ficou sem rumo e sem destino.

É possível perceber, considerando a avaliação do governo Collor em relação à educação, que as prerrogativas estabelecidas na CF no final da década anterior não conseguiram se concretizar na prática. Dizemos isso em função do tratamento que é dado ao ensino superior na CF. Se fizermos a leitura atenta de quatro artigos – 207, 208, 213 e 218 – verificaremos que apenas se referem ao financiamento, ao acesso e ao dever do Estado. Porém, é válido destacar o art. 205, que trata dos princípios e das regras estabelecidas.

> Art. 205. *A educação, direito de todos e dever do Estado e da família, será promovida e incentivada com a colaboração da sociedade, visando ao pleno desenvolvimento da pessoa, seu preparo para o exercício da cidadania e sua qualificação para o trabalho.*

É nítido que o dever do Estado está contido. Isso leva a interpretar que ele não se ausenta das suas responsabilidades quanto à educação em todos os níveis de ensino. A distribuição dos encargos educacionais também está contemplada na CF, no art. 212.

> Art. 212. A União aplicará, anualmente, nunca menos de dezoito, e os Estados, o Distrito Federal e os Municípios vinte e cinco por cento, no mínimo, da receita resultante de impostos, compreendida a proveniente de transferências, na manutenção e desenvolvimento do ensino.

No que se refere ao financiamento, o art. 69 da LDBEN informa que cabe à União aplicar,

> anualmente, nunca menos de dezoito, e os Estados, o Distrito Federal e os Municípios, vinte e cinco por cento, ou o que consta nas respectivas Constituições ou Leis Orgânicas, da receita resultante de impostos, compreendidas as transferências constitucionais, na manutenção e desenvolvimento do ensino público.

Assim, 70% dos recursos, referente aos 18% que cabem à União, devem ser aplicados na educação superior.

No entanto, uma das características das reformas educacionais na década de 1990, especificamente quanto ao ensino superior, foi a diminuição de investimentos por parte do governo federal. A crise do ensino superior "precisa levar em conta as raízes mais profundas que promovem as mudanças" (Durham, 1998, p. 10). A ausência do compromisso do Estado com a educação pública resultou, entre tantas outras coisas, em: deteriorização do salário dos professores, péssimas condições de trabalho, resultando ainda, em inúmeras greves e mobilizações.

A descentralização está imbricada nos equívocos dos interesses neoliberais, no que tange a diminuição dos gastos sociais do Estado, situação evidenciada na Lei nº 9.394/1996 (atual Lei de Diretrizes e Bases da Educação Nacional) que "centraliza no âmbito federal as decisões sobre currículo e sobre avaliação" (Libâneo; Oliveira; Toschi, 2003, p. 142).

As diretivas aprovadas nos anos da década de 1990 estabeleceram para a educação e para os cidadãos brasileiros o direito à permanência das crianças na escola, para tanto vários programas foram implementados pelo MEC por meio de financiamentos. Nesse processo, os percentuais de alguns programas foram destinados para a aquisição e o incentivo de tecnologias da educação e comunicação. Entre eles:

- o Fundo de Fortalecimento da Escola (Fundescola);
- o Programa de Expansão da Educação Profissional (Proep);
- o Fundo de Manutenção e Desenvolvimento da Educação Básica e de Valorização dos Profissionais da Educação (Fundeb): parceria entre o MEC e o Ministério do Trabalho e Emprego, o qual substituiu o Fundo de Manutenção e Desenvolvimento da Educação Básica e de Valorização do Magistério (Fundef). O Fundeb, regulamentado pela Lei nº 11.494/2007 terá vigência até 2020.

A educação na década de 1990, vista como campo de investimentos, foi marcada, novamente, pelos acordos internacionais. Citamos:

- a **Conferência Mundial de Educação para Todos** (1990), em Jomtien, Tailândia – na qual o Brasil participou das discussões de universalização da educação básica e da redução do analfabetismo, recomendou uma educação destinada à equidade social, seguindo orientação dos organismos internacionais ligados à Organização das Nações Unidas (ONU) para os países pobres; e
- a **Declaração de Nova Délhi** (1993), que enfocou a responsabilidade da educação não só em relação aos sistemas governamentais, mas também às ações conjuntas entre governos, família e comunidade, coadunando com o Plano Decenal de Educação, o qual propunha todas as crianças na escola, e apresentou a proposta de que a educação de jovens e adultos deveria ser oferecida não só pelo setor público, mas também pelo privado.

Nesses encontros foram construídas as bases dos diferentes acordos, incluindo aqui a discussão sobre o papel das instituições de ensino, as formas de gestão e os modelos pedagógicos (Organização das Nações Unidas para a Educação, a Ciência e a Cultura, 1996). A Declaração de Nova Délhi articula-se quanto à melhoria para o exercício do magistério, bem como de seus conteúdos, sendo ainda lembrados os interesses dos ministérios de educação da América Latina e da América Central.

Os organismos internacionais apostaram na educação, a qual é vista como investimento, iniciando a propositura de projetos para esta, caso do Unicef e do Banco Mundial, criado em 1944, e do Banco Internacional para a Reconstrução e o Desenvolvimento (Bird), criado em 1945. Cabe destacar que o sentido da globalização e do neoliberalismo perpassou todo esse movimento.

Essa foi uma época (décadas de 1980 e de 1990) na qual se observou um período fecundo em termos de propostas para o setor educacional no Brasil, em especial para a gestão. Estabeleceram-se mudanças na forma de administração dos sistemas de ensino municipal, estadual e federal, emergindo assim as diversas experiências quanto à educação no Brasil, o que se justificou:

~ pelas demandas econômicas do capitalismo;
~ pelo modo de produção e de organização da sociedade, trazendo marcas de flexibilidade, de centralização da decisão e de descentralização das ações.

No entanto, ao mesmo tempo em que se propunha a educação para todos, pelo menos no ensino fundamental, os recursos e os investimentos não foram suficientes no setor educacional, isso atingiu a qualidade da educação. Para a educação, o mote era saber o estritamente necessário.

No caso brasileiro, a crise anacrônica do sistema educacional provocou o fenômeno denominado por Mendonça (2001) de "democratização tardia": o acesso universalizado (95%) no ensino fundamental e, consequentemente, o crescimento das matrículas no ensino médio [...], durante a década de 90, repercutiu sob a forma de um descompasso tanto no que se refere à capacidade instalada dos sistemas educacionais e à estrutura efetivamente necessária ao atendimento dessa "demanda reprimida", como no que diz respeito ao preparo dos professores para atender a um público escolar cada vez mais diversificado. (Campos, 2003, p. 84)

Destaca-se, ainda, no período pós-ditadura, a participação e o papel da Unesco na elaboração das diretrizes para a educação superior. Nos documentos, resultantes da Conferência de Paris, em outubro de 1998, como a Declaração Mundial sobre Educação Superior no Século XXI (Organização das Nações Unidas para a Educação, a Ciência e a Cultura, 1998), estabelecem para a educação superior e para as instituições de ensino superior, especificamente as universidades, a responsabilidade na formação do novo profissional; além disso, consideram que a educação superior é o instrumento principal, por meio de iniciativas próprias, para o desenvolvimento da cultura e na contribuição para a qualidade de vida da maioria das pessoas. A conclusão a que se chegou é que, além de a educação ser um bem social público, também é um direito humano universal, dessa forma, baseia-se em critérios de equidade, justiça, solidariedade, e acentua-se a importância sociocultural da educação superior e seu papel para o desenvolvimento econômico.

2.1.8 As novas propostas para as políticas educacionais

Foi sob esses paradigmas que se elaborou e promulgou a atual LDBEN. Ela teve seu início deflagrado através do Projeto de Lei nº 101/1993, pelo Plenário da Câmara dos Deputados, sendo seu relator, na Comissão de Educação, o senador Cid Sabóia. O substitutivo que leva o nome do senador foi aprovado em 30 de novembro de 1994, sendo, no entanto, considerado pelo senador Darcy Ribeiro como inapropriado. Na sequência, com a intencionalidade de ampliar as competências do MEC, extinguir o CFE, criar e definir competências do CNE, a Lei n° 9.131/1995 providenciou a alteração dos arts. 6° ao 9° da Lei n° 4.024/1961. Com relação à escolha dos dirigentes universitários, a Lei n° 9.192/1995 alterou o art. 16 da Lei n° 5.540/1968. Assim, como consequência da promulgação, em 1988, da CF, a qual apontava para mudanças com possibilidades de reordenação das condições educacionais no Brasil, finalmente, foi aprovada e publicada em 20 de dezembro de 1996, sem vetos (Saviani, 1998), a Lei Darcy Ribeiro, atual LDBEN n° 9.394/1996.

Isso significou a instauração de novos parâmetros para a educação no país, devendo os profissionais da educação, em suas ações vincularem-se ao mundo do trabalho e à prática social. Em linhas gerais, a LDBEN n° 9.394/1996 oportuniza olhar para todos os níveis e sistemas de ensino e ainda dá destaque à formação de profissionais da educação e ao financiamento para o ensino público.

No entanto, como traduz Shiroma, Moraes e Evangelista (2003, p. 52), ao avaliar as propostas de então, "o governo, ao lançar mão do ardil de incorporar, na legislação, algumas bandeiras do movimento de educadores, consolidadas nos anos de 1980, ceifou-lhes a fecundidade, adulterou o sentido original de seu conteúdo". Esse fato, segundo os autores, deu-se por motivos ideológicos, pois "a apropriação operada não era suficiente aos desígnios governamentais. Tornava-se imprescindível (re)significá--las" (Shiroma; Moraes; Evangelista, 2003, p. 52).

E a (re)significação dessas bandeiras aconteceu no sentido de mudar pontos fundamentais. Assim:

~ *capacitação dos professores foi traduzida como profissionalização;*
~ *participação na sociedade civil como articulação com empresários e organizações não governamentais (ONGs);*
~ *descentralização como desconcentração da responsabilidade do Estado;*
~ *autonomia como liberdade de captação de recursos;*

- *igualdade como equidade;*
- *cidadania crítica como cidadania produtiva;*
- *formação do cidadão como atendimento ao cliente;*
- *melhoria da qualidade como adequação ao mercado;*
- *e, finalmente, o aluno foi transformado em consumidor.* (Shiroma; Moraes; Evangelista, 2003, p. 52)

No que se refere a legislar sobre as diretrizes e as bases da educação nacional, consta no art. 22 (inciso XXIV) da CF que se trata de um ato privativo da União. Em ação harmônica com a União, os estados podem legislar sobre educação mediante normas gerais (art. 24, inciso IX) aos interesses especificamente estaduais e/ou locais. Ainda com base na CF, nos arts. 205 e 206, a atividade educacional é função pública, mas não é exclusiva do Estado, assim, requer a participação da sociedade.

Outro destaque é que a referida lei, no seu art. 23, já previa uma possível ampliação progressiva do ensino fundamental instituída posteriormente pela Lei nº 10.172/2001 (meta 2 do ensino fundamental). Esse foi considerado, segundo o MEC, um movimento mundial.

A política do governo Fernando Henrique Cardoso, para o ensino superior, assentava-se em três pilares: avaliação, autonomia universitária plena e melhoria de ensino. No entanto, em seu governo, o **ensino superior** sofreu corte de verbas públicas, ausência de concurso público para professores e funcionários, e, consequentemente, esse nível de ensino foi sucateado.

Nesse período, sob a orientação do Banco Mundial, divulgou-se o projeto neoliberal de reforma universitária, no qual constava: autonomia universitária, privatização da universidade pública e descomprometimento do Estado com o financiamento. Nesse processo, objetivando a implantação dos ajustes e reformas criara-se:

- o Exame Nacional de Desempenho dos Estudantes (Enade), antigo Provão (Exame Nacional de Cursos);

~ o Programa de Gratificação e Estímulo à Docência (GED) com o propósito de melhoria do ensino.

As reformas educacionais, no governo Fernando Henrique Cardoso foram elaboradas de forma acelerada, sistêmica e articulada em vários **âmbitos, graus** e **níveis de ensino**, desconsiderando não só as "entidades organizadas, mas também as pesquisas realizadas nas universidades" (Libâneo; Oliveira; Toschi, 2003, p. 164). É importante enfatizar que a intencionalidade da **avaliação periódica** proposta no governo Fernando Henrique Cardoso atualmente é vigente. O MEC usa esse recurso para recredenciamento e reconhecimento de cursos das instituições de ensino superior, portanto como instrumento básico de controle de qualidade. "Embora neste caso se verifique de fato o aumento da capacidade avaliadora do Estado, não houve diminuição da sua função credenciadora, uma vez que, o oferecimento de cursos e o funcionamento das instituições dependem da chancela do governo" (Ranieri, 2000, p. 56).

Quanto à proposta de **autonomia universitária**, as medidas não se efetivaram. Até o final de 1999, nenhum projeto de lei de autonomia universitária foi encaminhado ao Congresso Nacional. No que se refere ao financiamento, os recursos financeiros públicos não davam sustentação para as despesas nem garantiam o **financiamento** do desenvolvimento do ensino, posto na CF.

Devemos destacar que, nesse contexto de reformas, "o que está em jogo, [...] é a implantação de medidas relacionadas à racionalidade material do Estado empregador e gestor da coisa pública, e não à natureza e aos fins da universidade pública" (Ranieri, 2000, p. 60). Se de um lado tanto a avaliação quanto a autonomia podem ser meios de busca de qualidade, de outro podem interferir significativamente na questão de limites do **poder**, entre as instituições acadêmicas e o Estado.

Aliás, esse foi um período que se caracterizou por constantes controvérsias entre propostas e resultados, embora algo seja inegável: houve um aumento significativo nos cursos do ensino superior e faculdades à disposição da população.

Os objetivos do PNE, que tive como ponto de partida o projeto de Lei nº 4.173/1998 (o qual representou uma estruturação das políticas pública) apresentado pelo governo Fernando Henrique Cardoso, são:

~ *a elevação global do nível de escolaridade da população;*
~ *a melhoria da qualidade do ensino em todos os níveis;*
~ *a redução das desigualdades sociais e regionais no tocante ao acesso e à permanência, com sucesso, na educação pública;*
~ *a democratização da gestão do ensino público, nos estabelecimentos oficiais, obedecendo aos princípios da participação dos profissionais da educação na elaboração do projeto pedagógico da escola e a participação das comunidades escolar e local em conselhos escolares ou equivalentes.*

Na síntese dos objetivos apontados e, ainda, na relação com o aumento das exigências para o mercado de trabalho associadas à demanda e às políticas para o ensino médio, houve o aumento da procura pelo ensino superior.

A característica fundamental por trás das mudanças é que as políticas educacionais formuladas no contexto das políticas públicas surgem a partir das demandas dos processos produtivos, e, nessa conjuntura, sob a égide do neoliberalismo, a **educação é tratada como mercadoria**.

Deve também ser destacado que para o ensino superior o PNE pretende a qualidade, a renovação e a expansão. Nesse sentido, Ranieri (2000, p. 65) explica, a seguir, que para essa expansão deve haver um equilíbrio entre o setor público e o privado.

> *é preciso, reformular todo o rígido sistema atual de controles burocráticos. A efetiva autonomia das universidades, a ampliação da margem de liberdade das instituições não universitárias e a completa revisão dos currículos mínimos constituem medidas, tão necessárias quanto urgen-*

tes, para adequar a Educação Superior às rápidas transformações por que passa a sociedade brasileira.

Essa preocupação se estende também para o programa de pós-graduação, que tem como objetivo qualificar os docentes para atuar na educação superior.

2.1.9 As políticas educacionais do presidente Lula

Um dos projetos mais significativos e polêmicos do governo Lula está relacionado à isenção fiscal para os empresários da área educacional: é o Projeto Universidade para Todos (Prouni), criado pelo governo federal em 2004 e institucionalizado pela Lei nº 11.096, em 13 de janeiro de 2005, tendo como finalidade

> a concessão de bolsas de estudo integrais e parciais a estudantes de cursos de graduação e sequenciais de formação específica, em instituições privadas de educação superior [...] oferece, em contrapartida, isenção de alguns tributos àquelas instituições de ensino que aderem ao Programa.

No segundo mandato do presidente Lula, as diversas leis, pareceres, outras tantas medidas provisórias e relatórios e ainda os projetos de lei, vão de encontro, ou ainda, seguem na contramão da autonomia universitária, ferindo o art. 207 da CF. Essas propostas são:

1. *Legalização das fundações privadas nas universidades, através da sua regulamentação – Decreto nº 5.205/2004;*
2. *Estímulo à ampliação das parcerias e convênios com as instituições privadas;*
3. *As parcerias público-privadas que permitem a destinação de verbas públicas para a iniciativa privada e desta para o setor público;*
4. *O Projeto de Lei de Inovação Tecnológica, o qual repassa a responsabilidade de produção de conhecimento para o setor privado;*

5. *O ProUni, MP nº 213, que regulamenta a "compra" das vagas ociosas nas universidades particulares;*
6. *O Projeto de Emenda Constitucional (PEC 217), da deputada Selma Schons (PT-PR), que prevê a cobrança de impostos a ex-alunos de universidades públicas;*
7. *O Sistema Nacional de Avaliação do Ensino Superior (Sinaes), Lei nº 10.861, de 14 de abril de 2004, o qual pouco difere do antigo "Provão", mantendo a utilização de critérios burocráticos e meritocráticos e o ranqueamento dos cursos.* (Figueiredo, 2005)

É possível observar que a "reforma universitária" está acontecendo sem uma profunda discussão com a sociedade e, portanto, não contempla as várias reivindicações dos diversos agentes da educação. Assim, as políticas educacionais formuladas no contexto das políticas públicas surgem a partir das demandas do processo produtivo. Dessa maneira, a educação permanece sendo tratada como "mercadoria".

A relação de poder se reflete especificamente nos sujeitos, nesse caso o professor e o aluno, para os quais a aquisição desse "bem" ou "mercadoria", é desprovido do "controle de qualidade", posto que é imposto por leis, pareceres, ementas e decretos. É dentro desse contexto que se estabelecem as políticas públicas da educação que afetam diretamente o desempenho do professor (Frizzo, 2003).

Na união de forças entre sociedade política (União, estados e municípios) e sociedade civil (sindicatos e organizações profissionais) é que ocorre a formulação das políticas públicas. Essa situação é esclarecida por Kuenzer (2002, p. 49), quando ela diz:

> *O Estado é concebido como sociedade política mais sociedade civil, o que significa coerção mais consenso. A dominação da classe se exerce por meio dele, cuja função coercitiva não se separa de sua função adaptativa e educativa, que procura adequar ao aparelho produtivo a moralidade*

das massas populares. [...] Assim, o Estado longe de reduzir-se a um instrumento externo às relações sociais, articula-se com elas a partir de um ponto preciso: a dominação de classe determinada pela função exercida no processo produtivo a partir da contradição entre capital e trabalho.

É nesse processo de união que as políticas educacionais abrangem e entrelaçam a sala de aula aos planos de educação mais amplos (Cury, 2003, p. 15).

Síntese

As políticas educacionais que se referem ao ensino superior precisam de reflexões e de análises proporcionadas pelas diversas áreas do conhecimento. Só assim entenderemos as transformações proporcionadas e intensificadas pelas mudanças ocorridas no mundo no século XX, no qual observamos que as transformações, advindas do processo de globalização, estabelecem como tônica das políticas educacionais fatores que são expressos através de denominações que buscam espelhar várias perspectivas. Dessa forma, passamos a ter a "sociedade do conhecimento", a "era da informação", a "sociedade em rede", entre outras expressões, na tentativa de definir a transposição do milênio, a passagem de uma condição industrial ou até mesmo rural para a velocidade da cultura e da economia tecnológica. Essa mesma conjuntura tramita através das reformas educacionais, sendo a educação o início de possibilidades de transformação e desenvolvimento para a sociedade global.

Indicações culturais

PRA frente Brasil. Direção: Roberto Farias. Produção: Rogério Faria. Brasil: Embrafilme, 1983. 104 min.

Esse filme se propõe a retratar a alienação política diante da euforia da Copa do Mundo de 1970, período da Ditadura Militar, e consegue bons resultados.

ELES não usam *black-tie*. Direção e produção: Leon Hirszman. Brasil: Embrafilme, 1981. 134 min.

O filme retrata as questões políticas, a greve de metalúrgicos, o conflito familiar, a autoridade e o autoritarismo. Além de angústias na relação do "eu" e com o "outro".

ETERNAMENTE Pagú. Direção: Norma Benguell. Produção: Marta Passos. Brasil: Embrafilme, 1988. 100 min.

Essa obra apresenta dois paradigmas: o conservadorismo, época de Getúlio Vargas, e o modernismo – a liberdade.

ADMIRÁVEL mundo novo. Direção: Leslie Libman e Larry Williams. Produção: Michael R. Joyce. EUA: National Broadcasting Company, 1998. 87 min.

O filme retrata uma sociedade organizada em castas: a ideologia, a censura, a servidão, a tecnologia, a falta ou o excesso de ordem. Mostra a condição humana e o progresso.

CABRA cega. Direção e produção: Toni Venturi. Brasil: Europa Filmes, 2005. 170 min.

Indicamos esse filme porque ele mostra as questões ideológicas e políticas no processo de luta pela democracia diante da ditadura.

Atividades de Autoavaliação

É importante que você aprofunde as leituras no que diz respeito ao pensamento central que norteou a construção deste capítulo. O fio condutor foi a reflexão sobre o intercruzamento entre as relações de poder, que são constituídas pelos grupos econômicos e políticos (os quais, por sua vez, determinam e direcionam os investimentos no setor social e produtivo) e as políticas educacionais, com o objetivo de fornecer subsídios para o entendimento dessa relação nos diversos momentos vividos pela sociedade mundial e que interferiram significativamente no processo de desenvolvimento e da educação no Brasil.

1. Marque com (V) as afirmações verdadeiras e com (F) as falsas no que diz respeito às transformações sociais.
   ( ) As transformações mundiais advêm das relações sociais capitalistas e reestruturaram o papel da educação.
   ( ) As transformações sociais não se relacionam com os avanços tecnológicos.
   ( ) A globalização e os avanços técnicos científicos tem estreita relação com as transformações sociais.
   ( ) O papel da educação está diretamente relacionado com a formação de um novo sujeito.

   A ordem correta de cima para baixo é:
   a) V, V, F, F.
   b) F, V, F, V.
   c) V, F, V, F.
   d) V, F, V, V.

2. Complete as lacunas do trecho a seguir.

   A criação do Ministério dos Negócios da Educação e da Saúde Pública (1930), com Francisco Campos ocupando o cargo de ministro, dava ao Estado o _____ de decidir sobre as questões _____ no país, objetivando nacionalmente _____ nos níveis de ensino _____, comercial e _____. Temos também que o pensamento racional que se opunha à Igreja, quanto a um "espaço público e laico para o ensino, considerado pelos católicos uma violência à fé cristã da Nação" (SHIROMA, 2003), buscava _____ na educação que viessem ao encontro do processo de industrialização que desembarcara no Brasil, trazendo em seu discurso as novas _____ _____, mas que atribuíam à _____ a responsabilidade para que incluísse o novo _____ de maneira eficaz na modernidade.

   A ordem correta das palavras inseridas é:
   a) Educação; cidadão; direito; políticas; mudanças; secundário; superior; alternativas; relações sociais.
   b) Direito; políticas; mudanças; educação; cidadão; secundário; superior; alternativas; relações sociais.
   c) Direito; políticas; mudanças; secundário; superior; alternativas; relações sociais; educação; cidadão.
   d) Superior; alternativas; relações sociais; educação; cidadão; direito; políticas; mudanças; secundário.

3. Leia as sentenças a seguir quanto à posição do Manifesto dos Pioneiros sobre o ensino superior.
   I) Intencionava um novo tipo de homem.
   II) Defendia uma educação superior apenas técnica e profissional.
   III) A formação de professores deve ser feita no ensino superior.
   IV) A formação de docentes pesquisadores não era importante para o

desenvolvimento do país.

Assinale a alternativa que apresente a(s) sentença(s) **incorreta(s)**:
a) Somente a I está incorreta.
b) Estão incorretas II e IV.
c) Estão incorretas III e IV.
d) Todas as sentenças estão incorretas.

4. Leia as sentenças a seguir e avalie a sua veracidade quanto ao ensino superior na década de 1960.

I) A chamada *Reforma Universitária* de 1968 não teve influência externa.

II) Associadas às ideias internas, especialistas estrangeiros trouxeram propostas que resultou na **Reforma Universitária** de 1968.

III) A modernização e a flexibilização faziam parte das propostas educacionais na década de 1960.

IV) Para o desenvolvimento do país, não era necessária a formação de recursos humanos.

V) O processo de industrialização nacional não era interessante para os estrangeiros, visto que não era lucrativo para eles.

Assinale a alternativa correta:
a) Apenas as opções I e II estão corretas;
b) Apenas as opções III e IV estão corretas.
c) Apenas as opções IV e V estão correta.
d) As opções II e III estão corretas.

5. O **Manifesto dos Pioneiros da Educação Nova** (1932) tinha como proposição o respeito ao ser humano pelas suas aptidões naturais. Identifique a(s) afirmativas(s) correta(s) considerando essa premissa sobre a visão do mencionado manifesto quanto à função do ensino superior e assinale a verdadeira.

I) O ensino superior não deve considerar a natureza do homem nem popularizar o conhecimento.
II) O ensino superior deve transmitir o conhecimento já elaborado.
III) O ensino superior deve oferecer uma educação imediatista e utilitarista do ensino.
IV) A função do ensino superior é a de investigação da ciência.
V) Tem como função popularizar a arte e a cultura.

Assinale a alternativa correta:
a) As alternativas I, III e V estão corretas.
b) As alternativas II, III e V estão corretas.
c) As alternativas I, III e IV estão corretas.
d) As alternativas II, IV e V estão corretas.

Atividades de Aprendizagem

Questões para Reflexão

1. Pesquise e elabore um texto reflexivo sobre a relação da Associação Brasileira de Educadores (ABE) e o ensino superior. Lembre-se de que essa associação defendia a educação e a cultura no país. Instigou, entre outras coisas, a conscientização sobre os problemas que impediam o desenvolvimento do Brasil.

2. Pesquise sobre o **Manifesto dos Pioneiros para a Escola Nova** e sua relação com as políticas educacionais para o ensino superior. Considere no momento da sua reflexão a proposta de formação de um novo tipo de homem, determinado pelas aptidões naturais.

3. Com base no texto e nas suas leituras, explique:
    a) A relação entre as políticas educacionais e o setor econômico.
    b) A influência da Igreja Católica (1930) no processo de definição das diretrizes educacionais.

c) O interesse do governo atual em fixar o trabalhador ao campo.

Atividades Aplicadas: Prática

1. Pesquise e depois construa um quadro comparativo entre o governo de Fernando Henrique Cardoso e o governo Lula sobre as propostas para o ensino superior.

2. Pesquise e reflita sobre os assuntos apresentados nos tópicos a seguir.
   a) A centralização e a descentralização na organização da educação superior brasileira nas décadas de 1930 a 1970 do século XX.
   b) A categoria **poder** enquanto problemática e elemento nuclear do processo de centralização/descentralização na organização do ensino no Brasil.
   c) A contribuição de Anísio Teixeira para o ensino superior.
   d) As propostas educacionais para o ensino superior na década de 1990.

3. Os aspectos destacados no quadro apresentado a seguir devem ser analisados em suas especificações considerando os filmes recomendados nas Indicações culturais do Capítulo 2.

Aspecto	Cenas	Significados	Atualização
Profissional			
Ético			
Social			
Público			

Capítulo 3

As primeiras instituições científico-culturais surgiram no país no final do século XIX, ao contrário da Europa, que no período colonial já oferecia o ensino superior. A organização e a administração da educação brasileira (período colonial até o início do século XX) "assentava-se em um enfoque jurídico de caráter normativo e pensamento dedutivo que era associado ao direito romano" (Dias Sobrinho, 2005). Utilizava-se na administração da educação as concepções da Europa, principalmente da França, da Espanha e de Portugal com influência latina, que implica em um "sistema fechado de conhecimento integral da administração" (Dias Sobrinho, 2005).

Aspectos estruturais do sistema de ensino no Brasil

No final do século XIX, o Brasil adotou princípios e técnicas de administração educacional baseados nas tradições do direito angloamericano, "de natureza experimental, empírica e indutiva" (Sander, 2007, p. 180). Quando Portugal aportou no Brasil, os únicos objetivos eram a fiscalização e a defesa. Aqui não havia ensino superior, por isso os filhos dos grandes latifundiários, os altos funcionários da Igreja e da coroa precisavam ir à Europa para estudar nesse nível de ensino, mais especificamente dirigiam-se à Coimbra. De propriedade de Portugal, criou-se no Rio de Janeiro, no final do século XVII, o curso de Engenharia Militar.

Com a vinda da Família Real para o Brasil, em 1808, surgiu o interesse e a necessidade de criar, na Bahia, o Colégio Médico Cirúrgico e, no Rio de Janeiro, a cadeira de Anatomia, no Hospital Militar. A cadeira de Ciências Econômicas foi sancionada, pelo príncipe regente, no Decreto de 23 de fevereiro de 1808 e, em 4 de dezembro de 1810, foi criada a Academia Militar da Corte, a qual mais tarde passou a ser a Escola Politécnica. A Academia de Artes, antes conhecida como *Real Academia de Desenho, Pintura, Escultura e Arquitetura Civil* foi organizada pelo Decreto de 12 de outubro de 1820.

Da Colônia até a República, o ensino superior, exclusivamente público e privativo do poder central, era o meio para a distribuição dos privilégios a uma minoria que tinha interesse na formação ideológica única, para assim dar continuidade ao modelo social, econômico e político. Nesse contexto, o ensino de cunho elitista então vigente destacava-se por uma proposta profissionalizante, a qual estendia e aumentava significativamente o número de escolas superiores para além da Proclamação da Independência no século XIX.

A matrícula automática foi um privilégio concedido aos alunos dos colégios estaduais para o acesso ao ensino superior. Mas o aumento de matrículas nesse nível de ensino ameaçava os interesses ideológicos da minoria privilegiada, por isso foram introduzidos no Brasil os exames vestibulares, cuja intencionalidade era conter as matrículas. Percebam que os alunos provenientes do ensino público tinham o acesso ao ensino superior garantido. Mas como ainda não havia vagas suficientes para atender à demanda (público e privado), a solução encontrada pelo governo, na época, foi, em vez de investir no aumento do número de vagas, reter e/ou regular por meio de seleção o acesso ao ensino superior via "vestibular".

3.1 As IES na atualidade do sistema de ensino

Para a educação superior está posto o desafio ante as contradições da regulação e da autonomia. É possível observar, neste início de século, a fragmentação das diferentes ideologias, bem como interesses particulares influenciando o ensino superior. Isso é resultado da complexidade dos conhecimentos e das significativas mudanças na sociedade e, consequentemente, na vida do cidadão.

E, nesse contexto, as instituições de ensino superior não correspondem às diversas necessidades da sociedade moderna. Mas, apesar dessa perversidade imposta ao cidadão, muitas conquistas devem ser atribuídas à educação superior, como a luta constante pela valorização do ser humano, pela justiça social, pelo pluralismo, pela equidade, bem como a produção do conhecimento objetivando superar os problemas para a busca do bem comum com ética, além da interferência significativa na sociedade e nas empresas multinacionais.

Embora haja um aumento significativo de instituições e de matrículas nesse nível de ensino, o sistema de educação superior no Brasil ainda está voltado para a elite. Isso se dá pelo fato, já exposto, da complexidade nas novas funções e tarefas imputadas ao ensino superior, verificando-se a divisão do trabalho(Dias Sobrinho, 2005). Para um melhor entendimento desses fatores, é necessário fazermos uma rápida abordagem, com base na LDBEN nº 9.394/1996 e na CF, da estrutura do sistema de ensino federal, estadual e municipal, apresentando os níveis e modalidades de educação e de ensino.

3.2 Níveis e modalidades dos sistemas de educação e de ensino

Considerando o fato de ser extremamente usual na área educacional, apresentamos, à luz de Libâneo, Oliveira e Toschi (2003), alguns dos significados para o termo *sistema* e buscamos guarida em Dias Sobrinho (2005) para tecer breves considerações sobre as reformas na educação.

3.2.1 A concepção de sistema aplicada à educação

Entre tantas aplicabilidades, segundo o Dicionário Aurélio da Língua Portuguesa (Sistema, 1999, p. 1.865), o significado da palavra *sistema* que melhor se adapta ao sentido usado aqui é "conjunto de elementos, materiais ou ideais, entre os quais se possa encontrar ou definir alguma relação", ou ainda, "disposição das partes ou dos elementos de um todo, coordenados entre si, e que funcionam como estrutura organizada", temos também a definição: "Conjunto de instituições políticas e sociais, e dos métodos por elas adotados, encarados quer do ponto de vista teórico, quer do de sua aplicação prática".

Entre os significados expostos, existem pontos em comum, como:

~ conjunto de elementos de um todo;
~ elementos coordenados entre si, relacionados;
~ elementos materiais e ideais;
~ instituições e métodos por elas adotados. (Libâneo; Oliveira; Toschi, 2003, p. 227)

Considerando os conflitos e as tensões no interior dos sistemas ou ainda na relação entre eles, estes não perdem a sua individualidade, para formar um todo, assim, observamos, a existência de uma intencionalidade.

ao se organizarem em um sistema, esses elementos materiais (conjunto de instituições de ensino) e ideais (conjunto das leis e normas que regem as instituições educacionais) passam a formar uma unidade, no caso, um sistema de ensino. Esse todo coerente é formado de elementos funcionalmente interdependentes que constituem uma unidade completa. (Libâneo; Oliveira; Toschi, 2003, p. 228)

Assim, a partir dessa compreensão de sistemas, podemos melhor compreender as reformas educativas. Elas são propostas apresentadas por políticos para atender a problemas específicos (econômicos, étnicos, sociais, culturais, religiosos e políticos) com menor ou maior articulação com os projetos de governo ou de um **sistema de poder**. Uma vez constatado o problema, as ações e os objetivos, ou seja, as políticas para a superação são elaboradas. Em menor ou maior intensidade, uma reforma acaba tendo algum efeito em função de ideologias, de "aspirações de grupos sociais, de interesse dos educadores ou de políticos. [...] Elas emergem e se desenvolvem nas contradições da sociedade e dos **sistemas nacionais e globais** concorrentes e interdependentes [...] que requerem soluções urgentes" (Dias Sobrinho, 2005, p. 168-169, grifo nosso).

Assim, se pensarmos a educação superior nessa perspectiva, conforme aponta Dias Sobrinho (2005), considerando as rápidas transformações vividas pela sociedade, é urgente que se realizem mudanças na sua estrutura interna e nas suas relações com a sociedade e com o Estado, com intenção de oferecer qualidade na formação do educando, transmitindo a este conhecimentos necessários para o trabalho e para a vida social.

3.2.2 O sistema nacional de ensino de acordo com os propósitos da CF e da LDBEN

A LDBEN nº 9.394/1996, aprovada quase uma década depois da promulgação da CF, foi um desalento para os educadores na proporção em que se vislumbrava a reordenação estrutural da educação.

Essa situação teve a interferência da reforma educacional, em vigor a partir de 1996, especialmente quanto à possibilidade de um sistema nacional de educação, tendo sido substituído pela "organização da educação nacional [...] e criado o atual [...] CNE por medida provisória [...] tornando-o um órgão de governo e não do Estado" (Libâneo; Oliveira; Toschi, 2003, p. 241).

Com a Lei nº 9.131, de 24 de novembro de 1995, o CNE fica definido de forma permanente, alterando a redação dos arts. 6º ao 9º da Lei nº 4.024/1961 como já dissemos, cujas atribuições são normativas, deliberativas e de assessoramento ao ministro de Estado da Educação. No Brasil, o sistema federal de ensino é orientado pelo critério administrativo, desde a Lei nº 4.024/1961, tendo o mesmo sentido na Lei nº 5.692/1971 e na atual LDBEN nº 9.394/1996. Nessa perspectiva, o sistema de ensino do país de cunho meramente administrativo é interligado apenas por normas, e leis, isso pode ser verificado quando expressa: **sistema federal, sistema estadual** e **sistema municipal**.

Os órgãos administrativos responsáveis pela esfera federal são o MEC e o CNE, cujas atribuições transcrevemos a seguir.

~ **Ministério da Educação** (MEC) – Responsável pela manutenção das universidades federais, instituições isoladas de ensino superior, universidades tecnológicas (antigos Centros Federais de Educação Tecnológicas – Cefets), estabelecimentos de ensino médio, escolas técnicas federais e agrotécnicas, escolas de ensino fundamental e médio vinculadas às universidades, instituições de educação especial, além de supervisionar e inspecionar as instituições particulares.

~ **Conselho Nacional de Educação** (CNE) – Órgão colegiado, que normatiza o sistema educacional.

Nas **esferas estaduais** os órgãos administrativos são: Secretarias Estaduais de Educação (SEE); Conselho Estadual de Educação (CEE);

Delegacia Regional de Educação (DRE) ou Subsecretaria de Educação. Já nas **esferas municipais** encontramos: a Secretaria Municipal de Educação (SME) e o Conselho Municipal de Educação (CME).

O art. 1° da CF estabelece a formação indissolúvel dos estados, municípios e do Distrito Federal, constituindo-se o país num Estado Democrático de Direito, tendo como fundamentos a soberania, a cidadania, a dignidade da pessoa humana e os valores sociais do trabalho, da livre iniciativa e o pluralismo político.

O art. 205 (Capítulo III – Da Educação, da Cultura e do Desporto) da CF estabelece que "a educação, um direito de todos e dever do Estado e da família – será promovida e incentivada, com a colaboração da sociedade, visando ao pleno desenvolvimento da pessoa, ao seu preparo para o exercício da cidadania e à sua qualificação para o trabalho".

Quanto ao ensino (art. 206, inciso I a VIII), este deverá ser ministrado com base nos seguintes princípios:

I. *igualdade de condições para o acesso e permanência na escola;*

II. *liberdade de aprender, ensinar, pesquisar e divulgar o pensamento, a arte e o saber;*

III. *pluralismo de ideias e de concepções pedagógicas, e coexistência de instituições públicas e privadas de ensino;*

IV. *gratuidade do ensino público em estabelecimentos oficiais;*

V. *valorização dos profissionais da educação escolar, garantidos, na forma da lei, planos de carreira com ingresso exclusivamente por concurso público de provas e títulos, aos das redes públicas (Redação dada pela Emenda Constitucional n° 53, de 2006);*

VI. *gestão democrática no ensino público, na forma da lei;*

VII. *garantia de padrão de qualidade;*

VIII. *piso salarial nacional para os profissionais da educação escolar pública, nos termos da Lei Federal. (Incluído pela Emenda Constitucional n° 53 de 2006).*

[...]

De um modo amplo e geral, em parágrafo único (da mesma emenda), a lei dispõe sobre as categorias de trabalhadores considerados profissionais da educação básica e sobre a fixação de prazo para a elaboração ou adequação de seus planos de carreira, no âmbito da União, dos estados, do Distrito Federal e dos municípios.

O Estado se compromete e tem como dever com a educação – em conformidade como o disposto no art. 208, inciso I ao VII da CF – de garantir

> I. *ensino fundamental, obrigatório e gratuito, assegurada, inclusive, sua oferta gratuita para todos os que a ele não tiveram acesso na idade própria; (Redação dada pela Emenda Constitucional nº 14, de 1996)*
> II. *progressiva universalização do ensino médio gratuito; (Redação dada pela Emenda Constitucional nº 14, de 1996)*
> III. *atendimento educacional especializado aos portadores de deficiência, preferencialmente na rede regular de ensino;*
> IV. *educação infantil, em creche e pré-escola, às crianças até 5 (cinco) anos de idade; (Redação dada pela Emenda Constitucional nº 53, de 2006)*
> V. *acesso aos níveis mais elevados do ensino, da pesquisa e da criação artística, segundo a capacidade de cada um;*
> VI. *oferta de ensino noturno regular, adequado às condições do educando;*
> VII. *atendimento ao educando, no ensino fundamental, através de programas suplementares de material didático-escolar, transporte, alimentação e assistência à saúde.*

De acordo com o art. 211 da CF,

> § 1º *A União organizará o sistema federal de ensino e o dos Territórios, financiará as instituições de ensino públicas federais e exercerá, em matéria educacional, função redistributiva e supletiva, de forma a garantir equalização de oportunidades educacionais e padrão mínimo de qua-*

lidade do ensino mediante assistência técnica e financeira aos Estados, ao Distrito Federal e aos Municípios;

§ 2º Os Municípios atuarão prioritariamente no ensino fundamental e na educação infantil.

§ 3º Os Estados e o Distrito Federal atuarão prioritariamente no ensino fundamental e médio.

§ 4º Na organização de seus sistemas de ensino, os Estados e os Municípios definirão formas de colaboração, de modo a assegurar a universalização do ensino obrigatório.

§ 5º A educação básica pública atenderá prioritariamente ao ensino regular.

Ainda, conforme o art. 209, incisos I e II da CF, o ensino é livre para a iniciativa privada desde que atenda às normas gerais da educação, tenha "autorização e avaliação de qualidade pelo Poder Público", bem como apresente capacidade de autofinanciamento, ressalvado o previsto no art. 213 da CF. Quanto à organização dos sistemas de ensino no Brasil, estes possuem uma base de colaboração ou "regime de colaboração" enfatizados no art. 211, entre a União, os estados, o Distrito Federal e os municípios.

Destacamos, em relação ao **ensino superior**, que os estados e os municípios passaram a atuar também nesse nível de ensino e que existem críticas em relação ao disposto no referido artigo, ou seja, quanto à existência de um regime de competição, e não de colaboração, nesse caso, cabe às universidades a indissociabilidade entre ensino, pesquisa e extensão, conforme o que está disposto no art. 207 da CF.

3.2.3 Níveis escolares e modalidades de educação e de ensino

Em consonância com os princípios gerais estabelecidos na CF, em 1996, foi aprovada a LDBEN nº 9.394/1996, a qual estabeleceu os níveis escolares e as modalidades de educação e ensino, conforme explica a

Figura 1.

Figura 1 – Níveis escolares e modalidades da educação

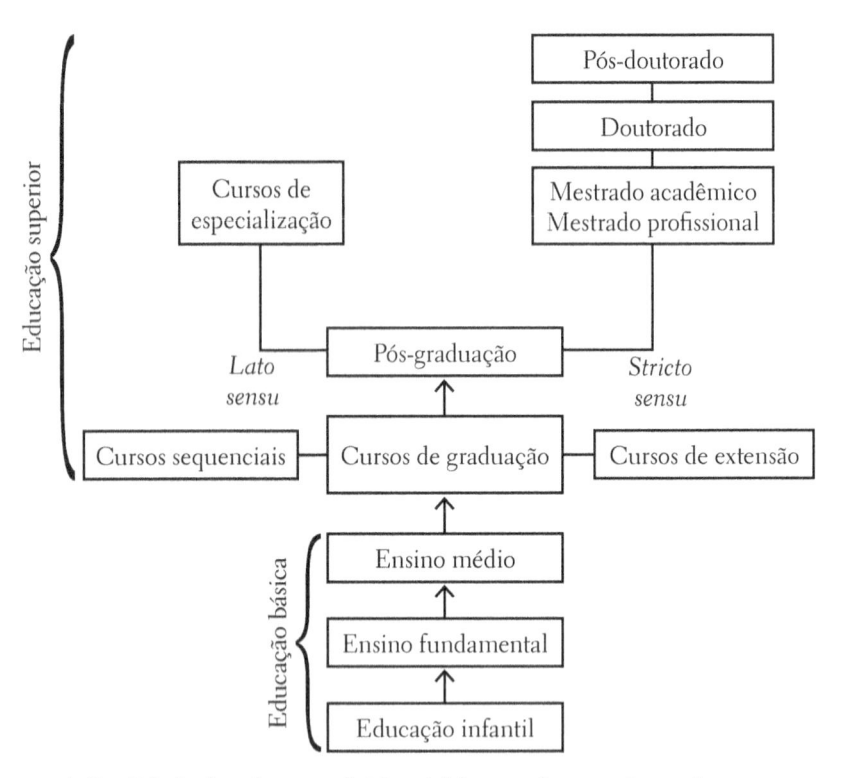

```
                                              ┌──────────────────┐
                                              │   Pós-doutorado  │
                                              └──────────────────┘
                                                       ↑
                                              ┌──────────────────┐
                                              │     Doutorado    │
                                              └──────────────────┘
                    ┌──────────────────┐      ┌──────────────────────┐
Educação superior   │    Cursos de     │      │ Mestrado acadêmico   │
                    │  especialização  │      │ Mestrado profissional│
                    └──────────────────┘      └──────────────────────┘
                             ↑                           ↑
                      Lato    ┌──────────────────┐  Stricto
                      sensu   │  Pós-graduação   │   sensu
                              └──────────────────┘
                                       ↑
  ┌──────────────────┐    ┌──────────────────────┐   ┌──────────────────┐
  │ Cursos sequenciais│◄──│ Cursos de graduação  │──►│ Cursos de extensão│
  └──────────────────┘    └──────────────────────┘   └──────────────────┘
                                       ↑
                              ┌──────────────────┐
                              │   Ensino médio   │
                              └──────────────────┘
                                       ↑
 Educação básica              ┌──────────────────┐
                              │ Ensino fundamental│
                              └──────────────────┘
                                       ↑
                              ┌──────────────────┐
                              │ Educação infantil│
                              └──────────────────┘
```

A finalidade da educação básica é "desenvolver o educando, assegurar-lhe a formação comum indispensável para o exercício da cidadania e fornecer-lhe meios para progredir no trabalho e em estudos posteriores" (art. 22). Esse nível de ensino divide-se em:

~ **Educação infantil** – Primeira etapa da educação básica, "tem como finalidade o desenvolvimento integral da criança até seis anos de idade, [cinco, se já considerado a ampliação do ensino para nove anos] em seus aspectos físico, psicológico, intelectual e social, complementando a ação da família e da comunidade" (art. 29).

~ **Ensino fundamental obrigatório** – "Com duração de nove anos, gratuito na escola pública, iniciando-se aos seis anos de idade, terá por objetivo a formação básica do cidadão [...]". (art. 32).
~ **Ensino médio** – Com três anos de duração, tem como finalidade (art. 35):

I. *a consolidação e o aprofundamento dos conhecimentos adquiridos no ensino fundamental, possibilitando o prosseguimento de estudos;*

II. *a preparação básica para o trabalho e a cidadania do educando, para continuar aprendendo, de modo a ser capaz de se adaptar com flexibilidade a novas condições de ocupação ou aperfeiçoamento posteriores;*

III. *o aprimoramento do educando como pessoa humana, incluindo a formação ética e o desenvolvimento da autonomia intelectual e do pensamento crítico;*

IV. *a compreensão dos fundamentos científico-tecnológicos dos processos produtivos, relacionando a teoria com a prática, no ensino de cada disciplina.*

No que se refere às modalidades de ensino na educação básica a LDBEN nº 9.394/1996 considera:

~ **Educação de Jovens e Adultos** – EJA – (art. 37) – "A educação de jovens e adultos será destinada àqueles que não tiveram acesso ou continuidade de estudos no ensino fundamental e médio na idade própria."
~ **Educação profissional e tecnológica** (art. 39) – "A educação profissional e tecnológica, no cumprimento dos objetivos da educação nacional, integra-se aos diferentes níveis e modalidades de educação e às dimensões do trabalho, da ciência e da tecnologia."
~ **Educação especial** (art. 58) – "Entende-se por educação especial, para os efeitos desta lei, a modalidade de educação escolar,

oferecida preferencialmente na rede regular de ensino, para educandos portadores de necessidades especiais."
~ **Educação a distância** (art. 80) – "O poder público incentivará o desenvolvimento e a veiculação de programas de ensino a distância, em todos os níveis e modalidades de ensino e de educação continuada."
~ **Educação indígena**[*] – Vem recebendo um tratamento especial por parte do MEC, alicerçada em um novo paradigma educacional de respeito à interculturalidade, ao multilinguismo e à etnicidade.

Síntese

Procuramos brevemente, a partir do contexto histórico, estabelecer um panorama dos aspectos legais e técnicos relacionados aos sistemas de ensino a partir do disposto na CF de 1988 e da atual LDBEN nº 9.394/1996, que refletem diretamente na educação superior, para que assim possamos ter subsídios estruturais para o entendimento dos demais capítulos.

Indicação cultural

SORRISO de Mona Lisa. Direção: Mike Newell. Produção: Elaine Goldsmith-Thomas, Paul Schiff e Deborah Schindler. EUA: Columbia Pictures, 2003. 125 min.

---

[*] Para mais detalhes sobre a educação indígena ver CF, artigos: 210, 215, 231 e 232; LDBEN, arts.: 26, 32, 78 e 79; PNE (Lei nº 10.172/2001): capítulo 9; Parecer nº 14/1999 – CNE; Resolução nº 03/1999 – CNE; Decreto Presidencial nº 5.051,/2004, que promulga a Convenção nº 169 da Organização Internacional do Trabalho (OIT).

Retrata a história de uma professora que dá aulas em uma instituição conceituada. Ela se defronta com uma sociedade conservadora, enfrenta as normas e busca a transformação.

Atividades de Autoavaliação

1. Complete as lacunas do trecho a seguir.

   As reformas educativas são propostas apresentadas por políticos para atender a problemas específicos (_____, _____, _____, _____, _____ e _____) com menor ou maior articulação com os projetos de governo ou de um sistema de poder. Uma vez constatado o _____, as ações e os objetivos, ou seja, as políticas para a superação são elaboradas. Em menor ou maior intensidade uma reforma acaba tendo algum efeito, isso em função de _____, de "aspirações de grupos sociais, de interesse dos educadores ou de políticos. [...] Elas emergem e se desenvolvem nas _____ da sociedade e dos sistemas nacionais e globais concorrentes e interdependentes [...] que requerem soluções urgentes". (DIAS SOBRINHO, 2005, p. 168-169).

   A opção que apresenta a ordem correta das palavras inseridas é:
   a) Étnicos, sociais, culturais, religioso, político, problema, ideologias, contradições, econômicos.
   b) Problema, ideologias, contradições, econômicos, étnicos, sociais, culturais, religioso, político.
   c) Econômicos, étnicos, sociais, culturais, político, problema, contradições, religioso, ideologias.
   d) Econômicos, étnicos, sociais, culturais, religioso, político, problema, ideologias, contradições.

2. Sobre o sistema federal de ensino na atualidade marque com (V) as afirmações verdadeiras e com (F) as falsas.
   ( ) O sistema federal de ensino é orientado pelo critério da fé.
   ( ) O sistema federal de ensino é orientado pelo critério administrativo e interligado por normas e leis.
   ( ) O sistema federal de ensino é orientado pelo sistema estadual e municipal.
   ( ) A Lei nº 9.394/1996 regulamenta o sistema educacional de ensino superior brasileiro.

   A ordem correta de cima para baixo é:
   a) F, V, F, V.
   b) F, F, V, F.
   c) V, F, V, F.
   d) V, V, F, V.

3. Leia as sentenças quanto ao ensino superior nas disposições da Lei nº 9.394/1996.
   I) Ministrado apenas em instituição privada e mantida pelo governo.
   II) Divide-se em sequências: graduação, pós-graduação (*lato e strictu sensu*).
   III) Uma das finalidades é estimular o espírito científico e o pensamento reflexivo.
   IV) Divide-se em especialização, mestrado e doutorado.
   V) Divide-se em cursos e programas.

   Assinale a alternativa correta:
   a) Apenas as opções I, III e V estão corretas.
   b) Todas as opções estão corretas.
   c) As opções I, IV e V estão corretas.
   d) As opções II, III e V estão corretas.

4. Assinale com (V) as afirmativas verdadeiras e com (F) as falsas.
   ( ) Em conformidade com a CF, os estados e os municípios também podem atuar no desenvolvimento do ensino superior.
   ( ) Entre a União, os estados e os municípios existe um regime de colaboração no que se refere ao ensino superior.
   ( ) O art. 207 da CF estabelece para as universidades o regime de cotas para os estudantes das escolas públicas.
   ( ) As universidades têm o compromisso de preservar a conexão entre o ensino, a pesquisa e a extensão.

   Considerando as marcações feitas, assinale a alternativa que traz a ordem correta de cima para baixo:
   a) F, F, F, V.
   b) V, V, F, V.
   c) V, F, F, V.
   d) F, V, F, V.

5. Considerando o texto da CF de 1988 que em seu art. 1º estabelece a formação indissolúvel dos estados, municípios e do Distrito Federal, constituindo-se o país num Estado Democrático de Direito, tendo como fundamentos a soberania, a cidadania, a dignidade da pessoa humana, os valores sociais do trabalho, da livre iniciativa e o pluralismo político, assinale a alternativa **incorreta**.
   a) Ainda de acordo com a CF, o ensino é livre para a iniciativa privada, contudo para isso deverá atender às normas gerais da educação, ter autorização e avaliação de qualidade pelo Poder Público, bem como apresentar capacidade de autofinanciamento, ressalvado o previsto no art. 213 da CF.
   b) Em um de seus artigos reza a CF: na organização de seus sistemas de ensino, os estados e os municípios definirão formas de competição, de modo a assegurar a universalização do ensino obrigatório.

c) Também determina a CF que a educação deve visar, além de o pleno desenvolvimento da pessoa, o seu preparo para o exercício da cidadania e a sua qualificação para o trabalho.

d) A LDBEN nº 9.394/1996, foi aprovada e está em conformidade com os princípios da CF de 1988.

Atividades de Aprendizagem

Questões para Reflexão

1 Com base no texto e nas suas leituras reflita e elabore um texto que responda as questões a seguir.

a) Quais são os órgãos administrativos responsáveis pela esfera federal, estadual e municipal?

b) A estrutura educacional brasileira atual tem suas bases em qual(is) documento(s)?

c) Qual a base da organização dos sistemas de ensino no Brasil, apontado no art. 211 da Constituição Federal de 1988?

d) O Brasil possui de fato um sistema educacional?

2. Com base nesta obra e na observação de seu entorno reflita e pondere: a comunidade educativa, agente na prática cotidiana das reformas educativas, as vê apenas como interesse político?

Atividade Aplicada: Prática

Pesquise e reflita sobre o termo *sistema* na relação com a estrutura educacional do Brasil.

Capítulo 4

A promulgação da CF, em 5 de outubro de 1988, no que se refere ao ensino, modificou a terminologia e trouxe o conceito de sistema e a relação com as esferas administrativas, visto no capítulo anterior. Ela também instituiu, em forma de lei o Plano Nacional de Educação (art. 214).

Aspectos da educação superior brasileira na CF e na LDBEN nº 9.394/1996

4.1 Paradigmas legais da educação superior

A educação superior, ministrada (art. 45 da LDBEN nº 9.394/1996) em estabelecimentos de ensino superior público e privado, tem por finalidade, de acordo com o seu art. 43:

    I.   *estimular a criação cultural e o desenvolvimento do espírito científico e do pensamento reflexivo;*

    II. *formar diplomados nas diferentes áreas de conhecimento, os quais sejam aptos para a inserção em setores profissionais e para a partici-*

pação no desenvolvimento da sociedade brasileira, bem como colaborar na sua formação contínua;

III. incentivar o trabalho de pesquisa e de investigação científica, visando o desenvolvimento da ciência, da tecnologia e da criação, bem como e difusão da cultura, e, desse modo, desenvolver o entendimento do homem e do meio em que ele vive;

IV. promover a divulgação de conhecimentos culturais, científicos e técnicos que constituem patrimônio da humanidade, além de comunicar o saber através do ensino, de publicações ou de outras formas de comunicação;

V. suscitar o desejo permanente de aperfeiçoamento cultural e profissional e possibilitar a correspondente concretização, integrando os conhecimentos que vão sendo adquiridos numa estrutura intelectual sistematizadora do conhecimento de cada geração;

VI. estimular o conhecimento dos problemas do mundo presente, em particular os nacionais e regionais, prestar serviços especializados à comunidade e estabelecer com esta uma relação de reciprocidade;

VII. promover a extensão, aberta à participação da população, visando à difusão das conquistas e benefícios resultantes da criação cultural e da pesquisa científica e tecnológica geradas na instituição.

O art. 44 da LDBEN trata dos cursos e programas que serão explicitados no próximo item.

4.1.1 Cursos e programas

Ainda de acordo com a LDBEN, em seu art. 44, o ensino superior divide-se em cursos e programas, os quais podem ser: cursos sequenciais, programas de graduação, de pós-graduação e os de extensão. Nesse contexto, devemos deixar claro que os cursos sequenciais são normatizados pelo Parecer da Câmara de Ensino Superior (CES) nº 968/1998 e os de mestrados profissionais são regulamentados pela Portaria Capes nº 80/1998.

Os **cursos sequenciais** são estabelecidos por campo de saber, de diferentes níveis de abrangência, abertos a candidatos que atendam aos requisitos estabelecidos pelas instituições de ensino, desde que tenham concluído o ensino médio ou equivalente. Destinam-se à obtenção ou à atualização de qualificações técnicas, profissionais ou acadêmicas. Há duas modalidades de curso sequencial:

~ curso superior de formação específica;
~ curso superior de complementação de estudos.

Conforme o Sistema Integrado de Informações da Educação Superior (SiedSup) (Brasil, 2009g), o primeiro "é um programa de formação de estudantes em qualificações técnicas, profissionais ou acadêmicas, que confere diploma aos concluintes. É constituído por um conjunto de disciplinas e atividades organizadas, com carga horária e duração mínima de 1.600 horas e 400 dias letivos, respectivamente". O segundo, de acordo com o mesmo órgão,

> *é um programa de formação de estudantes em qualificações técnicas, profissionais ou acadêmicas, com destinação coletiva ou individual, conferindo certificado. É obrigatoriamente vinculado a curso de graduação existente na IES e é constituído por um conjunto de disciplinas e atividades para atender a objetivos educacionais definidos pela instituição, no caso de cursos coletivos, ou para atender às necessidades individuais.*

Os **programas de graduação** são abertos a candidatos que tenham concluído o ensino médio ou equivalente e tenham sido classificados em processo seletivo. Podem oferecer uma ou mais habilitações[*]. Conferem dois tipos de diplomas:

---

[*] Para mais informações, acesse o *site*: <http://www.inep.gov.br>.

~ o de bacharel, que habilita o portador a exercer a profissão de nível superior;
~ o de licenciado, que habilita o portador a exercer o magistério em nível fundamental e médio, observadas as legislações específicas.

Os **programas de pós-graduação** compreendem programas de mestrado, mestrado profissional e doutorado (*stricto sensu*), cursos de especialização, aperfeiçoamento e outros (*lato sensu*) abertos a candidatos diplomados em cursos de graduação e que atendam às exigências das instituições de ensino.

Os **programas de extensão** são abertos a candidatos que atendam aos requisitos estabelecidos em cada caso pelas instituições de ensino.

4.1.2 Formatos dos cursos e programas

Esses cursos e programas são oferecidos em instituições de ensino superior do sistema federal de ensino com vários formatos, conforme o art. 8° do Decreto n° 2.306/1997 e, segundo a legislação em vigor*, recebem denominações que os definem em suas especificidades. São tais instituições: universidades, universidades especializadas, centros universitários, centros universitários especializados, faculdades e faculdades integradas, institutos superiores ou escolas superiores, centros de educação tecnológica. Para uma melhor contextualização, as características fundamentais de tais formatos serão descritas na sequência.

---

* Para mais informações, acesse o *site*: <http://www.educacaosuperior.inep.gov.br/educacao_superior.stm>.

O sistema de educação superior

~ **Universidades** – São instituições pluridisciplinares, públicas ou privadas, de formação de quadros profissionais de nível superior, que desenvolvem atividades regulares de ensino, pesquisa e extensão. Atendendo ainda ao disposto no art. 52 da Lei nº 9.394, de 1996 (art. 9º do Decreto nº 2.306/1997).

~ **Universidades especializadas** – São instituições de educação superior, públicas ou privadas, especializadas em um campo do saber como, por exemplo, ciências da saúde ou ciências sociais, nas quais são desenvolvidas atividades de ensino e pesquisa e extensão, em áreas básicas e/ou aplicadas.

~ **Centros universitários** – São instituições de educação superior, públicas ou privadas, pluricurriculares, as quais devem oferecer ensino de excelência e oportunidades de qualificação ao corpo docente e condições de trabalho à comunidade escolar. Com autonomia parcial (pelo art. 11, § 1º, do Decreto nº 3.860/2001) e nos termos das normas estabelecidas pelo ministro de Estado da Educação e do Desporto para o seu credenciamento (art. 12º do Decreto nº 2.306/1997).

~ **Centros universitários especializados** – São instituições de educação superior, públicas ou privadas que atuam numa área de conhecimento específica ou de formação profissional, devendo oferecer ensino de excelência e oportunidades de qualificação ao corpo docente e condições de trabalho à comunidade escolar.

~ **Faculdades e faculdades integradas** – São instituições de educação superior públicas ou privadas com propostas curriculares em mais de uma área do conhecimento, organizadas sob o mesmo comando e regimento comum, com a finalidade de formar profissionais de nível superior, podendo ministrar

cursos nos vários níveis (sequenciais, de graduação, de pós-graduação e de extensão) e modalidades do ensino.
~ **Institutos superiores ou escolas superiores** – São instituições de educação superior, públicas ou privadas, com finalidade de ministrar cursos nos vários níveis (sequenciais, de graduação, de pós-graduação e de extensão). Os Institutos Superiores de Educação (ISE) surgiram com a LDBEN nº 9.394/1996. A responsabilidade dos institutos está em conformidade com o disposto no art. 63, cabendo a estes:
I. a formação de profissionais para a educação básica, inclusive o curso Normal Superior, destinado à formação de docentes para a educação infantil e para as primeiras séries do ensino fundamental;
II. os programas de formação pedagógica para portadores de diplomas de educação superior que queiram se dedicar à educação básica;
III. os programas de educação continuada para os profissionais de educação dos diversos níveis [Formação pós-graduada, *lato* e *stricto sensu*, de caráter profissional para a docência na educação básica, conforme Resolução nº 1 de 30 de setembro de 1999].
~ **Centros de educação tecnológica** – São instituições especializadas de educação profissional, públicas ou privadas, com a finalidade de qualificar profissionais em cursos superiores de educação tecnológica para os diversos setores da economia e realizar pesquisa e desenvolvimento tecnológico de novos processos, produtos e serviços, em estreita articulação com os setores produtivos e a sociedade, oferecendo, inclusive, mecanismos para a educação continuada.

Fonte: Adaptado de BRASIL, 2009f; BRASIL, 1996.

Um importante aspecto relativo a atribuições e também a aspectos de autonomia refere-se ao fato de que as faculdades integradas, faculdades e institutos superiores ou escolas superiores não podem criar ou extinguir cursos, fixar número de vagas nem registrar diplomas e precisam submeter-se na íntegra em todos os procedimentos acadêmicos junto ao MEC. Nesse sentido, de acordo com o Parecer n° 282/2002,

> estabelecimentos de ensino não universitários (Decreto n° 3.860/2001, art. 7°, III) devem, em um único documento que a Lei n° 9.131 denomina de "regimento", dispor sobre suas características institucionais, sua estrutura organizacional, relacionamento com o ente mantenedor e sua operacionalidade acadêmica. Tal ato deve instruir pedido de credenciamento, segundo o disposto no art. 20, VIII, do Dec. n° 3.860/2001, e será submetido à aprovação do Sr. ministro de Estado da Educação. O mesmo ocorrerá toda vez que o colegiado superior da instituição de ensino deliberar pela alteração de regra regimental.

No contexto do ensino superior, dentro das formatações apresentadas, as instituições de ensino privadas dividem-se ainda em quatro categorias: particulares, comunitárias, confessionais e filantrópicas. Caracteriza-se essa divisão pelo fato de as **particulares**, instituídas por uma ou mais pessoas físicas ou jurídicas de direito privado não incluírem em sua mantenedora representantes da comunidade, como fazem as **comunitárias**, nem atenderem a quaisquer orientações religiosas ou ideológicas específicas, como é característica das **confessionais**, nem são **filantrópicas**, isto é, não sobrevivem com doações de pessoas ou grupos (Libâneo; Oliveira; Toschi, 2003, p. 175).

4.1.3 Modalidades e formas de acesso ao ensino superior

O ensino superior pode ser ministrado nas modalidades presencial, semipresencial e a distância. Elas se distinguem da seguinte forma:

- **Presencial** – Quando exige a presença do aluno em, pelo menos, 75% das aulas e em todas as avaliações.
- **Semipresencial** – Quando combina ensino presencial com parte de ensino e de outras atividades que podem ser realizadas a distância.
- **A distância** – Quando a relação professor-aluno não é presencial, e o processo de ensino ocorre utilizando os vários meios de comunicação instantâneos ou não: material impresso, televisão, internet, telefone etc.

A forma de acesso, segundo o Instituto Nacional de Estudos e Pesquisas Educacionais Anísio Teixeira (Inep) (Brasil, 2009e), ao ensino superior se fará por processo seletivo, mas isso não significa que o vestibular seja a única forma de se ingressar nos cursos de graduação. Algumas instituições de ensino superior no país fazem uso da análise dos conteúdos estudados no ensino médio, e outras instituições fazem a análise/avaliação de dados pessoais/profissionais dos candidatos, conforme está esquematizado no Quadro 1.

Quadro 1 – Formas de acesso ao ensino superior

Seleção de candidatos a partir de avaliação dos conteúdos estudados no ensino médio:	
Vestibular	É o processo seletivo tradicionalmente utilizado para ingresso no ensino superior brasileiro. Compreende provas que deverão cobrir os conteúdos das disciplinas cursadas no ensino médio (Língua Portuguesa e Literatura Brasileira, Matemática, Biologia, Física, Química, História e Geografia), uma língua estrangeira moderna (Inglês, Francês, Espanhol, Alemão) e uma prova de Redação. Os alunos são convocados através de edital e os exames podem ser realizados pela própria IES ou por instituição especializada em realização de concursos ou processos seletivos.

(continua)

(Quadro 1 – conclusão)

Exame Nacional do Ensino Médio (Enem)	É o exame realizado pelo Inep, ao qual os alunos concluintes ou egressos do ensino médio poderão submeter-se voluntariamente. Cobre o conteúdo estudado em todo o ensino médio, através de questões objetivas que procuram integrar as várias disciplinas do currículo escolar e de uma redação, tentando identificar processos de reflexão e habilidades intelectuais adquiridos pelos alunos. Mais de 300 IES do país estão utilizando os resultados do Enem como parte do processo seletivo de acesso ao ensino superior.
Avaliação seriada no ensino médio	É uma modalidade de acesso ao ensino superior que abre para o estudante do ensino médio o acesso à universidade de forma gradual e progressiva, compreendendo avaliações realizadas ao término de cada uma das três séries. O participante do programa não está impedido de concorrer também ao vestibular tradicional, ao concluir a terceira etapa do processo.
Teste, prova, e/ou avaliação de conhecimentos	É o processo seletivo utilizado por algumas IES para avaliar o conhecimento dos alunos que pretendem ingressar nos seus cursos de graduação. As questões, que podem ser objetivas ou subjetivas, e o conteúdo ficam a critério da própria instituição, em função do curso pretendido.
Avaliação de dados pessoais e/ou profissionais	Processo seletivo para ingresso na educação superior que substitui a realização de provas e testes pelo exame dos dados pessoais (escolarização, cursos, histórico escolar) e ou profissionais (experiência/desempenho profissional).
Outras seleções baseiam-se em avaliação de dados pessoais/profissionais dos candidatos através de: ~ Entrevista. ~ Exame curricular do histórico escolar.	

Fonte: Adaptado de BRASIL, 2009e.

Todas as IES devem divulgar a relação nominal dos classificados e a ordem de classificação, bem como tornar público o cronograma para matrícula constante no edital (art. 44, parágrafo único, Lei nº 9.394/1996). No entanto, apesar de as questões de acesso ao ensino superior serem de fundamental importância, as reflexões e os debates, feitos por diversos intelectuais estão não só na preocupação quanto ao acesso ao ensino superior, mas também quando à permanência e ao término da formação do aluno nesse nível de ensino.

4.2 Recursos para financiar o ensino superior

É preciso esclarecer que em um período de cem anos (1834-1934), o ensino público e gratuito não acompanhou na mesma proporção o aumento da população escolarizável. O "governo central com pequena parte de seus impostos, cobrados principalmente da exportação do café, financiava faculdades isoladas de ensino superior" (Monlevade, 2001, p. 233).

Os primeiros recursos para a educação a nível federal foram destinados pela CF de 1934 e três anos depois tais recursos foram desvinculados do sistema federal. No entanto, as despesas com a educação continuaram crescendo em todas as instâncias (federal, estadual e municipal), mas apesar do crescimento econômico, no período de 1950 a 1980, a distribuição de recursos para a educação e a cultura foram parcos.

Sobre a educação, Monlevade (2001, p. 235) define dois tipos de recursos financeiros: "Percentuais vinculados a impostos e transferências para manutenção e desenvolvimento do ensino e contribuições sociais para reforço desse financiamento". Voltando à CF, o ensino superior é tratado em quatro de seus artigos é interessante analisar o texto da lei e observarmos a sua aplicação em nosso entorno:

> *Art. 207 – As universidades gozam de autonomia didático-científica, administrativa e de gestão financeira e patrimonial, e obedecerão ao princípio de indissociabilidade entre ensino pesquisa e extensão;*
> *[...]*
> *Art. 208 – O dever do Estado com a educação será efetivado com a garantia de:*

[...]
V – *acesso aos níveis mais elevados de ensino, da pesquisa e da criação artística, segundo a capacidade de cada um;*
[...]
Art. 213 – *Os recursos públicos serão destinados às escolas públicas, podendo ser dirigidos a escolas comunitárias, confessionais ou filantrópicas, definidas em lei [...]*
§ 2° *As atividades universitárias de pesquisa e extensão poderão receber apoio financeiro do poder público.*
[...]
Art. 218. *O Estado promoverá e incentivará o desenvolvimento científico, a pesquisa e a capacitação tecnológicas.*
§ 1° *A pesquisa científica básica receberá tratamento prioritário do Estado, tendo em vista o bem público e o progresso das ciências.*
§ 2° *A pesquisa tecnológica voltar-se-á preponderantemente para a solução dos problemas brasileiros e para o desenvolvimento do sistema produtivo nacional e regional.*
§ 3° *O Estado apoiará a formação de recursos humanos nas áreas de ciência, pesquisa e tecnologia, e concederá aos que delas se ocupem meios e condições especiais de trabalho.*
[...]

Atualmente o Governo Federal oferece o **Programa de Financiamento Estudantil** (Fies). Esse programa destina-se ao estudante regularmente matriculado em curso de graduação, avaliado positivamente pelo MEC e que precisa de apoio para cumprir com o compromisso das mensalidades, além disso, algumas instituições privadas têm seu próprio crédito educativo, e os governos estaduais e municipais também oferecem mecanismos de apoio para os custos com a formação. Podemos considerar neste aspecto, as bolsas de estudos, parcial ou total, oferecidas pelas prefeituras aos funcionários.

Outra possibilidade de financiamento parcial ou integral é o **ProUni**, criado pelo governo federal em 2004 e institucionalizado pela Lei nº 11.096, em fevereiro de 2005. Esse programa, além de possibilitar ao discente o financiamento, oferece às instituições participantes a isenção de alguns tributos[*].

O Prouni é oferecido aos estudantes que vêm do ensino médio da rede pública ou da rede particular na condição de bolsistas integrais, com renda familiar máxima de três salários mínimos (Brasil, 2008c).

> o Programa Universidade para Todos, somado à expansão das Universidades Federais e ao Programa de Apoio a Planos de Reestruturação e Expansão das Universidades Federais – Reuni, ampliam significativamente o número de vagas na educação superior, contribuindo para o cumprimento de uma das metas do Plano Nacional de Educação, que prevê a oferta de educação superior até 2011 para, pelo menos, 30% dos jovens de 18 a 24 anos. (Brasil, 2008c)

É importante saber que o Prouni poderá oferecer ações conjuntas com o convênio MEC/Caixa Econômica Federal e com o Fies, para os alunos com bolsa parcial que atenderem aos critérios dos referidos programas.

Com a expansão do número das universidades federais para 55, está previsto até o final do ano de 2009 o oferecimento de bolsas de estudo de 113 mil (em 2006) para 227 mil (em 2009). Isso vem contribuir para o atendimento das metas constantes no PNE, citado aqui, que prevê também até 2012 a criação de 93.420 novas vagas e 1.248 novos cursos (Machado, 2009).

---

[*] "Conta com um sistema de seleção informatizado e impessoal, que oferece transparência e segurança ao processo. Os candidatos são selecionados pelas notas obtidas no Exame Nacional do Ensino Médio (Enem)" (BRASIL, 2008c) conjugando-se, desse modo, inclusão à qualidade e mérito dos estudantes com melhores desempenhos acadêmicos.

4.3 Avaliação da educação no ensino superior

As pesquisas sobre a avaliação tiveram início na década de 1930. O período de 1930 até 1970 deu ênfase a testes que medem as habilidades e as aptidões dos alunos (Libâneo; Oliveira; Toschi, 2003). O questionamento sobre "o quê" e "para quê" se avalia surgiu na década de 1980 e enfatizou as questões sociais e educacionais do rendimento do aluno.

No que se refere à avaliação, existe uma forte discussão sobre a aplicação de testes educacionais em nível nacional no sentido de medir o desempenho dos alunos, cuja intencionalidade é controlar a qualidade do ensino no Brasil.

A discussão nuclear baseia-se nos critérios de avaliação adotados, visto que expressam as crenças e a visão de sociedade dos que elaboram o instrumento avaliativo, os quais, segundo Libâneo, Oliveira e Toschi (2003), vinculam este a uma concepção "objetivista de avaliação". É sob essa perspectiva que se assenta a avaliação do ensino superior, ou seja, os padrões empresariais são transferidos para a avaliação da educação.

> *a universidade em lugar de criar os seus padrões e critérios próprios de avaliação, imita, e mal, os padrões da empresa privada e da lógica do mercado. [...] a universidade, que é responsável pela criação e invenção de métodos de pesquisa e de avaliação da realidade, até agora mostrou--se incapaz de criar os métodos e critérios da sua autoavaliação [...] e passou a usar um indicador que tem sentido nas empresas, mas não se sabe bem qual seria o seu sentido na docência e na pesquisa: a chamada "produtividade".* (Chaui, 2001, p. 124-125)

O ensino superior é avaliado pelo Inep, vinculado ao MEC, cuja missão é

> *promover estudos, pesquisas e avaliações sobre o sistema educacional brasileiro com o objetivo de subsidiar a formulação e implementação*

de políticas públicas para a área educacional a partir de parâmetros de qualidade e equidade, bem como produzir informações claras e confiáveis aos gestores, pesquisadores, educadores e público em geral. (Brasil, 2009c)

Para Fernando Haddad (2008), que assumiu o Ministério da Educação em 2005, a avaliação "tem que ser institucional, seja na escola ou na universidade. Isso é o que vai ajudar os estabelecimentos a construir seu caminho de desenvolvimento".

4.3.1 Sistema Nacional de Avaliação da Educação Superior (Sinaes)

Desde 1995, o Brasil possui vários instrumentos e mecanismos de avaliação dos cursos de graduação. O **Sinaes,** instituído pela Lei n° 10.861, de 14 de abril de 2004, por meio da Portaria n° 2.051, de 9 de julho de 2004 (Regulamentação do Sinaes), é composto pelos seguintes instrumentos: avaliação das condições de ensino, avaliação institucional, exame nacional de desempenho dos estudantes (Enade).

A **avaliação das condições de ensino** é um instrumento utilizado pelo MEC para promover o reconhecimento ou a renovação dos cursos de graduação; nesse mesmo âmbito, a **avaliação institucional** tem por objetivo verificar as condições gerais de funcionamento dos estabelecimentos de educação superior, diferentemente do primeiro aqui citado e do Exame Nacional de Cursos, os quais são centrados nos cursos de graduação. No tocante ao Enade, este diferencia-se substancialmente dos dois anteriores por aferir o desempenho dos estudantes em relação aos conteúdos programáticos previstos nas diretrizes curriculares do respectivo curso de graduação, suas habilidades para ajustamento às exigências decorrentes da evolução do conhecimento e suas competências para compreender temas exteriores ao âmbito específico de sua profissão, ligados à realidade brasileira e mundial e a outras áreas do conhecimento.

4.3.2 A avaliação dos cursos

Os cursos de graduação são avaliados pelo MEC antes de receberem autorização, reconhecimento ou renovação de reconhecimento dos cursos, "representando uma medida necessária para a emissão de diplomas" (Brasil, 2009c). Essa avaliação é realizada periodicamente e seu objetivo, além de cumprir a determinação da LDBEN no que se refere à educação superior, é garantir a qualidade do ensino ofertado pelas IES.

Os princípios que regem a avaliação proposta pelo Sinaes, segundo as Diretrizes para a Avaliação das Instituições de Educação Superior (MEC/ Conaes, 2004, p. 13) são:

~ responsabilidade social com a qualidade da educação superior;
~ reconhecimento à diversidade do sistema;
~ respeito à identidade, à missão e à história das instituições;
~ globalidade institucional, pela utilização de um conjunto significativo de indicadores [de qualidade], considerados em sua relação orgânica [e não de forma isolada];
~ continuidade do processo avaliativo como instrumento de política educacional para cada instituição e para o sistema da educação superior em seu conjunto. (Brasil, 2005f)

Essa avaliação acontece por meio de instrumentos de informações preenchidos pelas instituições, o que viabiliza a análise prévia pelos avaliadores da situação dos cursos, possibilitando uma melhor verificação in loco. Esse formulário é composto por dez grandes dimensões, e a cada uma delas é atribuído um peso, conforme o Quadro 2.

Quadro 2 – Atribuição de pesos às dimensões do Sinaes

Dimensão	Peso relativo
Dimensão 1 – Missão e plano de desenvolvimento institucional.	05
Dimensão 2 – Perspectiva científica e pedagógica formadora: políticas, normas e estímulos para o ensino, a pesquisa e a extensão.	30
Dimensão 3 – Responsabilidade social da IES.	10
Dimensão 4 – Comunicação com a sociedade.	05
Dimensão 5 – Políticas de pessoal, de carreira, de aperfeiçoamento, de condições de trabalho.	20
Dimensão 6 – Organização e gestão da instituição.	05
Dimensão 7 – Infraestrutura física e recursos de apoio.	10
Dimensão 8 – Planejamento e avaliação.	05
Dimensão 9 – Políticas de atendimento aos estudantes.	05
Dimensão 10 – Sustentabilidade financeira.	05
TOTAL	100

Fonte: BRASIL, 2005f, p. 23.

No momento da avaliação externa (*in loco*), a comissão externa de avaliação designada pelo Inep, irá verificar as condições reais de funcionamento da IES e serão examinados os seguintes documentos:

~ *Plano de Desenvolvimento Institucional (PDI)*;
~ *Projeto Pedagógico Institucional (PPI)*;
~ *relatórios parciais e finais do processo de autoavaliação produzidos pela IES*;
~ *dados gerais e específicos da IES constantes do Censo da Educação Superior e do Cadastro de Instituições de Educação Superior*;
~ *dados sobre os resultados do Enade e do questionário socioeconômico dos estudantes, quando for o caso*;

~ *relatório de avaliação institucional produzido na última avaliação realizada por comissão externa de avaliação, quando for o caso;*

~ *relatório da comissão de acompanhamento do protocolo de compromisso, quando for o caso;*

~ *relatório e conceitos da Capes para os cursos de pós-graduação da IES, quando for o caso.* (Brasil, 2005f)

Um dos fatores principais, talvez o principal, para avaliação é a coerência na construção do PDI, do PPI, do Projeto Pedagógico do Curso (PPC) e no currículo. Da mesma forma, é prudente que a IES construa os documentos mencionados com base em gestão democrática e participativa, possibilitando a todos, docente, discente e direção, a estreita relação entre a missão e os propósitos institucionais firmados no PPI. Para que essa relação seja possível é fundamental que todos na instituição tenham clareza quanto à concepção de sociedade, de educação e de ser humano (cidadão) pretendido.

Vale ressaltar que a instituição deve buscar assegurar o cumprimento de suas políticas e ações, obrigatoriamente contidas no PDI e PPC, e ainda todas as ações devem ser consideradas como instrumentos de ação política e pedagógica que garantam, conforme Veiga, citado por Brasil (2005f), "uma formação global e crítica para os envolvidos no processo, como forma de capacitá-los para o exercício da cidadania, a formação profissional e o pleno desenvolvimento pessoal".

Os objetivos e as ações contidas no PDI serão avaliados pela comissão de avaliação, a qual irá conferir "qualificações" por tempo determinado, com vistas a garantir qualidade ao ensino conforme o art. 206 da CF. Essa exigência é feita também para as instituições de ensino superior particulares.

4.3.3 O Enade

O **Enade**, antigo "Provão", é componente curricular obrigatório dos cursos de graduação. O registro de participação é condição indispensável para a emissão do histórico escolar, independentemente de o estudante ter sido selecionado ou não no processo de amostragem do Inep. É regulamentado pela Portaria nº 107, de 22 de julho de 2004. A partir de 2009, o Enade será obrigatório[*] tanto para os alunos ingressantes quanto para os concluintes. Assim não existirá mais o processo de seleção, e sim a obrigatoriedade da participação do estudante.

Segundo o Inep, o objetivo do Enade é

> avaliar o desempenho dos estudantes com relação aos conteúdos programáticos previstos nas diretrizes curriculares dos cursos de graduação, o desenvolvimento de competências e habilidades necessárias ao aprofundamento da formação geral e profissional, bem como o nível de atualização dos estudantes com relação à realidade brasileira e mundial, integrando o Sinaes, juntamente com a avaliação institucional e a avaliação dos cursos de graduação. (Brasil, 2009d)

Os instrumentos básicos do Enade são: a prova, o questionário de impressões dos estudantes sobre a prova, o questionário socioeconômico e o questionário do coordenador do(a) curso/habilitação.

As áreas avaliadas pelo Enade são definidas, anualmente, pelo MEC e pelo órgão colegiado de coordenação e supervisão do Sinaes, a **Comissão de Avaliação da Educação Superior** (Conaes). O Enade é aplicado a cada área num prazo máximo de três anos.

---

[*] Para saber mais acesse, o *site*: <http://www.inep.gov.br/imprensa/noticias/edusuperior/enade/news08_20.htm>.

4.4 Credenciamento e recredenciamento das IES e cursos

Os termos *credenciamento* e *recredenciamento* das instituições de ensino superior designam atos administrativos que autorizam o funcionamento das IES pelo MEC, ou seja, o funcionamento das IES está condicionado ao credenciamento e aprovação junto ao MEC.

Muitos alunos se inscrevem nos processos seletivos e não sabem se a IES está autorizada pelo MEC. Isso pode gerar enormes transtornos para o discente, não só financeiro, mas também de tempo e de sonho na busca de uma formação superior. Com essa preocupação, o MEC disponibiliza em seu *site** informações sobre todas as IES no Brasil que são autorizadas e/ou reconhecidas.

Ao final de cada ciclo avaliativo do Sinaes, a IES deve protocolar o pedido de recredenciamento (arts. 10, 13 e 20, Decreto nº 5.773/2006) junto à secretaria competente, devidamente instruído com o PDI** (art. 15, II, alínea b, Decreto nº 5.773/2006) e ainda com o estatuto ou regimento (art. 15, II, alínea c, Decreto nº 5.773/2006). É importante que os gestores e também o corpo docente tenham conhecimentos do Parecer CNE/CES nº 282/2002, aprovado em 4 de setembro de 2002, o qual faz uma análise de estatutos de universidades e de regimentos de IES não universitárias.

---

* Para consultar essas informações, acesse o *site*: <http://www.educacaosuperior.inep.gov.br/inst.stm>.

** Veja também: Portaria SESu/MEC nº 7/2004, de 19 de março de 2004 (Plano de Desenvolvimento Institucional e aditamento), e a Portaria Normativa nº 2/2007, de 10 de janeiro de 2007, a qual dispõe sobre os procedimentos de regulação e avaliação da educação superior na modalidade a distância.

4.4.1 Autorização, reconhecimento e renovação de reconhecimento de cursos

Da mesma forma que as IES, os cursos devem também passar pelo processo de **autorização, reconhecimento** e **renovação de reconhecimento**[*]. A oferta de cursos superiores em faculdade ou instituição equiparada depende de autorização do MEC, pois, de acordo com o art. 34 do Decreto nº 5.773/2006, "o reconhecimento de curso é condição necessária, juntamente com o registro, para a validade nacional dos respectivos diplomas".

Para a **renovação de reconhecimento** (vide o Decreto nº 2.207/1997), deve ser observado o resultado da avaliação do Sinaes, denominado *conceito preliminar*, o qual a partir de um conjunto de resultados, que variam de um a cinco, determina se a IES receberá a visita do MEC para continuar funcionando. Nesse processo, "o conceito preliminar leva em conta um conjunto de resultados: o Enade, a infraestrutura e instalações, recursos didático-pedagógicos e a titulação dos professores" (Brasil, 2008b).

No Quadro 3, apresentamos os conceitos que se referem a tal procedimento, com a adoção do "conceito preliminar" pelo Inep.

---

[*] Ver também: Portaria MEC nº 147/2007, p. 1 a 3; Portaria MEC nº 4.361/2004, p. 1 e 2, Portaria MEC nº 3.160/2005 (modificações); Portaria MEC nº 1.750/2006, p. 1 e. 2; e Portaria MEC nº 1.752/2006.

Quadro 3 — Conceito preliminar, critério e orientação do Inep

Conceito preliminar	Critério do Inep	Orientação do Inep
1 e 2	Sem condições para funcionamento.	Obrigados a solicitar a visita dos avaliadores do Inep.
3	Condições mínimas para funcionamento.	Dispensados da avaliação *in loco*.
4	O curso é intermediário na área.	
5	O curso é referência na área.	

Fonte: BRASIL, 2008b.

Para o processo de credenciamento e recredenciamento, o MEC criou o Sistema de Acompanhamento de Processos das Instituições de Ensino Superior (Sapiens)*, sistema informatizado que viabiliza: o envio da documentação, a inserção de despachos e relatórios dos processos e permite a interação entre a IES e os órgãos do MEC (art. 1º, § 1º, Portaria MEC nº 4.361/2004).

Cursos de extensão e de pós-graduação (*lato* e *strictu sensu*)

As normas para os cursos de extensão são estabelecidas pelas próprias IES (art. 44, IV, Lei nº 9.394/1996). É importante lembrar que as atividades de extensão são significativas não só para os critérios de avaliação do Inep no que se refere ao reconhecimento e à renovação de reconhecimento (ver as dimensões no Quadro 1), mas principalmente para ao processo de ensino-aprendizagem dos alunos nas atividades complementares de cada curso.

* Ver também: Portaria MEC nº 4.361/2004, p. 1 e 2; Portaria MEC nº 3.160/2005 (modificações) e Portaria MEC nº 1.850/2005 (pré-registro e documentação de habilitação).

Os cursos de pós-graduação em nível de especialização (*lato sensu*) e aperfeiçoamento ou ainda mestrado e doutorado (*strictu sensu*) estão sujeitos às exigências de autorização, reconhecimento e renovação de reconhecimento, previstas na legislação – Resolução CNE/CES n° 01/2001. Os alunos devem possuir diploma de graduação e atender às exigências das IES (art. 44, III, Lei n° 9.394/1996).

4.5 Autonomia das universidades

Para um melhor entendimento da autonomia das universidades, é necessário recorrermos à Lei n° 9.394/1996 em que o art. 52 estabelece:

> Art. 52. *As universidades são instituições pluridisciplinares de formação dos quadros profissionais de nível superior, de pesquisa, de extensão e de domínio e cultivo do saber humano que se caracterizam por:*
>
> *I – produção intelectual institucionalizada mediante o estudo sistemático dos temas e problemas mais relevantes, tanto do ponto de vista científico e cultural, quanto regional e nacional;*
>
> *II – um terço do corpo docente, pelo menos, com titulação acadêmica de mestrado ou doutorado;*
>
> *III – um terço do corpo docente em regime de tempo integral.*
>
> *Parágrafo único. É facultada a criação de universidades especializadas por campo do saber.*

O art. 53 da mesma lei enfatiza que são asseguradas às universidades, no exercício de sua autonomia, as seguintes atribuições:

> [...]
>
> *I – criar, organizar e extinguir, em sua sede, cursos e programas de educação superior previstos nesta Lei, obedecendo às normas gerais da União e, quando for o caso, do respectivo sistema de ensino;*

II – *fixar os currículos dos seus cursos e programas, observadas as diretrizes gerais pertinentes;*

III – *estabelecer planos, programas e projetos de pesquisa científica, produção artística e atividades de extensão;*

IV – *fixar o número de vagas de acordo com a capacidade institucional e as exigências do seu meio;*

V – *elaborar e reformar os seus estatutos e regimentos em consonância com as normas gerais atinentes;*

VI – *conferir graus, diplomas e outros títulos;*

VII – *firmar contratos, acordos e convênios;*

VIII – *aprovar e executar planos, programas e projetos de investimentos referentes a obras, serviços e aquisições em geral, bem como administrar rendimentos conforme dispositivos institucionais;*

IX – *administrar os rendimentos e deles dispor na forma prevista no ato de constituição, nas leis e nos respectivos estatutos;*

X – *receber subvenções, doações, heranças, legados e cooperação financeira resultante de convênios com entidades públicas e privadas.*

Parágrafo único. Para garantir a autonomia didático-científica das universidades, caberá aos seus colegiados de ensino e pesquisa decidir, dentro dos recursos orçamentários disponíveis, sobre:

I – *criação, expansão, modificação e extinção de cursos;*

II – *ampliação e diminuição de vagas;*

III – *elaboração da programação dos cursos;*

IV – *programação das pesquisas e das atividades de extensão;*

V – *contratação e dispensa de professores;*

VI – *planos de carreira docente.*

No que se refere à carga horária, o professor, nas instituições públicas de ensino superior, ficará obrigado ao mínimo de oito horas semanais de aulas (art. 57, Lei nº 9.394/1996).

4.5.1 Frequência, regime especial e período letivo

A frequência dos alunos e professores é obrigatória, salvo para os programas de educação a distância, conforme art. 47, § 3°, Lei n° 9.394/1996. O abono de faltas só existe para quem for convocado em Órgão de Formação de Reserva (art. 60, § 4°, Lei n° 4.375/1964).

Para as IES, o ano letivo regular tem no mínimo 200 dias de trabalho acadêmico efetivo, assim, a elaboração do calendário letivo é diferente do ano civil e deve desconsiderar o tempo reservado aos exames finais, quando houver (art. 47, Lei n° 9.394/1996).

4.5.2 Educação a distância (EaD)

O MEC define EaD por meio do Decreto n° 5.622/2005, "como modalidade educacional na qual a mediação didático-pedagógica nos processos de ensino e aprendizagem ocorre com a utilização de meios e tecnologias de informação e comunicação, com estudantes e professores desenvolvendo atividades educativas em lugares ou tempos diversos". Assim, podem ser ministrados cursos de graduação e de educação profissional (nível tecnológico).

Graduação a distância

A EaD para os cursos de graduação e educação profissional (nível tecnológico) deve obedecer aos mesmos critérios da educação presencial quanto ao processo de credenciamento e de recredenciamento dos cursos junto ao MEC. Para orientar esse processo, isto é, a elaboração do PPC, a Secretaria de Educação a Distância (Seed) elaborou e disponibiliza o documento Referências de Qualidade para Educação Superior a Distância[*].

---

[*] Para ver na íntegra esse documento, acesse o site: <http://portal.mec.gov.br/seed/arquivos/pdf/legislacao/refead1.pdf>.

Pós-graduação a distância

O Decreto nº 5.622/2005 e a Resolução nº 01 da CES e do CNE disciplinam os cursos de mestrado, doutorado e especialização. Em todos os casos, só poderão ser ofertados por instituições devidamente credenciadas pelo MEC, no caso da pós-graduação *lato sensu* as instituições devem incluir, **necessariamente**, além das provas presenciais a defesa presencial de monografia ou trabalho de conclusão de curso.

4.6 Procedimentos pertinentes ao meio acadêmico

No cotidiano de uma IES, desenham-se várias situações que fazem parte da organização acadêmica ou das relações que se criam entre o estabelecimento de ensino e os seus alunos. Nesse contexto, são elaborados procedimentos operacionais viabilizadores de soluções para as diversas circunstâncias que compõem o ambiente acadêmico, sejam elas de caráter especial ou rotineiro.

4.6.1 Regime especial

O Decreto-Lei nº 1.044, de 21 de outubro de 1969, dispõe sobre tratamento excepcional para os alunos portadores das afecções. Nesse caso, e observando o disposto na CF no que se refere ao direito à educação, afirma o art. 1º desse Decreto-Lei: "São considerados merecedores de tratamento excepcional os alunos de qualquer nível de ensino, portadores de afecções congênitas ou adquiridas, infecções, traumatismo ou outras condições mórbidas, determinando distúrbios agudos ou agudizados [...]". Essas condições devem ser comprovadas mediante laudo médico. Além disso, o regime especial deve ser autorizado pelo diretor da IES, bem como definida a maneira que o discente será acompanhado. Quanto à prática da educação física em todos os graus e ramos de ensino, a Lei nº 7.692, de 20 de dezembro de 1988, determina, no art. 1º, que é facultativa ao(a) aluno(a):

a) que comprove exercer atividade profissional, em jornada igual ou superior a 6 (seis) horas;
b) maior de 30 (trinta) anos de idade;
c) que estiver prestando serviço militar inicial ou que, em outra situação, comprove estar obrigado à prática de educação física na organização militar em que serve;
d) amparado pelo Decreto-Lei nº 1.044, de 21 de outubro de 1969;
e) de curso de pós-graduação; e
f) que tenha prole.

No caso específico do **ensino superior**, o tratamento excepcional deve ser solicitado quando o aluno se ausentar por um período igual ou superior a dez dias.

4.6.2 Matrícula, transferência e trancamento

As IES só poderão aceitar a transferência de alunos regulares em cursos afins se houver vagas e mediante processo seletivo (art. 49, Lei nº 9.394/1996). Deve ser ressaltado que no caso de transferências há a necessidade de exame minucioso da grade curricular da IES em que o aluno está matriculado. Para tanto, é necessário que o coordenador do curso avalie a carga horária e o conteúdo programático de cada disciplina para só depois orientar o discente no processo de transferência. É importante que essa orientação não seja apenas do coordenador, mas que também seja consultado quanto ao conteúdo programático o professor da disciplina da IES que aceitará a transferência e, ainda, deve ser considerada a carga horária total do curso determinada pelas diretrizes curriculares para cada curso.

4.6.3 Registros, diplomas e mensalidades

Consta na Lei nº 9.394/1996, no art. 48, que "os diplomas de cursos superiores reconhecidos, quando registrados, terão validade nacional como prova da formação recebida por seu titular". As universidades e centros universitários poderão registrar (conforme Decreto nº 5.773, de 9 de maio de 2006) os diplomas dos cursos por eles oferecidos. Quanto aos diplomas das demais IES, devem ser registrados por universidades indicadas pelo CNE.

A Lei nº 9.870, de 23 de novembro de 1999, dispõe sobre os valores da anuidade escolar e determina outras providências. No que se refere à especificidade do ensino superior, essa lei também estabelece que os alunos já matriculados, salvo quando inadimplentes e observado o calendário letivo, terão direito à renovação de matrícula. O art. 6º da lei a que nos referimos, determina que

> *são proibidas a suspensão de provas escolares, a retenção de documentos escolares ou a aplicação de quaisquer outras penalidades pedagógicas por motivo de inadimplemento, sujeitando-se o contratante, no que couber, às sanções legais e administrativas, compatíveis com o Código de Defesa do Consumidor, e com os arts. 177 e 1.092 do Código Civil Brasileiro, caso a inadimplência perdure por mais de noventa dias.*

É importante lembrar de que o entendimento das atuais estrutura e organização do ensino no Brasil, bem como do processo de avaliação do ensino superior e os seus pressupostos legais (aspectos aqui abordados) são instrumentos práticos que nos permitem transitar de modo confortável nesse meio. Contudo, as informações aqui contidas em relação a determinações legais constam com mais profundidade nos *sites* do MEC e do Inep.

Síntese

De forma resumida, podemos dizer que houve o intento de oferecer informações pertinentes sobre os tipos de instituições de ensino superior na atual LDBEN nº 9.394/1996, bem como sobre a necessidade e a importância de uma ação colaborativa de todos os agentes educacionais, na construção do PDI, do PPC e do currículo. Além disso, a visão do ensino superior a partir do Sinaes, contando inclusive com a avaliação institucional feita pelo MEC/Inep, foi outra categoria abordada, devido à atualidade do tema. Foram ainda listados os exames e os testes para o acesso e a permanência no ensino superior, bem como os financiamentos oferecidos, razão pela qual acreditamos termos estabelecido um panorama geral da situação estrutural do ensino nas graduações e pós-graduações, embora seja óbvio que não tivemos a intenção de esgotar o assunto.

Indicações culturais

SUISSARDI, V.; SILVA JÚNIOR, J. dos R. (Org.). **Educação superior**: análises e perspectivas de pesquisa. São Paulo: Xamã, 2001.

> *Indicamos esse livro pela atualidade dos artigos que o compõem, além de ser uma obra bastante analítica ao tratar dos temas: financiamento, avaliação, organização acadêmica e acesso ao ensino superior.*

FUGA das galinhas. Direção: Nick Park e Peter Lord. Produção: Peter Lord, Nick Park e David Sproxton. EUA: Universal, 2000. 84 min.

> *Esse filme leva à reflexão sobre as dificuldades de mudanças na educação e faz perceber que é necessária uma concepção dialética hermenêutica que considera a subjetividade e a autonomia para uma ação transformadora.*

Atividades de Autoavaliação

1. Assinale (V) para as afirmações verdadeiras ou (F) para as falsas em relação à finalidade do ensino superior.

   ( ) Estimular a criação cultural e o desenvolvimento do espírito científico e do pensamento reflexivo.
   ( ) Incentivar o trabalho técnico visando ao desenvolvimento médio da população brasileira.
   ( ) Formar diplomados nas diferentes áreas de conhecimento, aptos para a participação no desenvolvimento da sociedade brasileira.
   ( ) Comunicar o saber por meio exclusivo da televisão e do jornal.
   ( ) Estabelecer com a comunidade uma relação de reciprocidade.

   A alternativa que apresenta a ordem correta de cima para baixo é:
   a) F, V, V, V, F.
   b) V, F, F, F, V.
   c) F, F, V, V, F.
   d) V, F, V, F, V.

2. Leia as sentenças e a seguir assinale a alternativa correta quanto à divisão dos cursos e programas ofertados em instituições públicas e/ou privadas do sistema federal de ensino.
   I) Cursos sequenciais, cursos de pós-graduação e programas de extensão.
   II) Cursos sequenciais, programa de graduação, programa de pós-graduação e programas de extensão.
   III) Programas sequenciais e de pós-graduação; programas de extensão.
   IV) Cursos sequenciais e programa de graduação.

a) Apenas as opções I, III e IV estão corretas.
b) Apenas a opção II está correta.
c) As opções II, III e IV estão corretas.
d) Apenas a opção III está correta.

3. Complete as lacunas.
   As faculdades _____, faculdades e _____ superiores ou _____ superiores não podem criar e/ou _____ cursos, _____ número de vagas nem _____ diplomas e precisam _____ na íntegra em todos os procedimentos acadêmicos junto ao MEC.

   A alternativa correta é:
   a) Integradas; escolas; institutos; extinguir; fixar; registrar; submeter-se.
   b) Institutos; escolas; integradas; registrar; extinguir; submeter-se; fixar.
   c) Integradas; institutos; escolas; extinguir; fixar; registrar; submeter-se.
   d) Escolas; integradas; institutos; fixar; submeter-se; extinguir; registrar.

4. As instituições de ensino privadas dividem-se em quatro categorias. Preencha as lacunas de acordo com as características de cada uma:
   As instituições _____, instituídas por uma ou mais pessoas físicas ou jurídicas de direito privado que não incluem em sua mantenedora representantes da comunidade, como as _____, nem atendem a quaisquer orientações religiosas ou ideológicas específicas, como as _____, nem são _____, isto é, sobrevivem com doações de pessoas ou grupos.

   A alternativa correta é:

a) Privadas; comunitárias; confessionais; filantrópicas.
b) Comunitárias; filantrópicas; privadas; confessionais.
c) Privadas; confessional; comunitária; filantrópicas.
d) Privadas; confessionais; comunitárias, filantrópicas.

5. Assinale (V) verdadeiro ou (F) falso para as informações a seguir quanto ao ensino superior.
( ) O ensino superior não pode ser ministrado na modalidade a distância.
( ) O ensino superior pode ser ministrado nas modalidades: presencial, semipresencial, a distância.
( ) O ensino superior só pode ser ministrado a distância.
( ) Presencial, semipresencial e a distância são as três modalidades de ensino que podem ser oferecidas no ensino superior.
( ) As únicas modalidades que podem ser ministradas no ensino superior são: presencial e a distância.

A ordem correta de cima para baixo é:
a) V, V, F, V, F.
b) F, V, V, F, V.
c) F, V, F, V, F.
d) F, F, F, V, F.

Atividades de Aprendizagem

Questões para Reflexão

1. A ausência de postura reflexiva e colaborativa do corpo docente e de uma postura intransigente dos gestores na elaboração do PPC reflete não só na ação pedagógica do professor como também na aprendizagem discente.

2. Que estratégias podem ser adotadas pela instituição de ensino superior para que o resultado da avaliação institucional possa caminhar para a busca constante da qualidade de ensino e aprendizagem?

Atividade Aplicada: Prática

Pesquise e elabore um texto sobre a contribuição da avaliação institucional para a educação brasileira.

Capítulo 5

Diante das transformações vivenciadas pela sociedade e também da importância da educação nesse contexto, a formação de professores tem sido a pauta de muitos debates e embates ao longo da história. Aliás, a formação de professores para todos os níveis de ensino é considerada um dos principais fatores "para a qualidade do ensino ministrado nos sistemas educativos no âmbito nacional, estadual ou municipal" (Ghedin; Almeida; Leite, 2008, p. 23). É preciso compreender que o professor é aquele que educa, ensina, possui e apresenta saberes e formação específica; e que esses saberes não lhe são outorgados a não ser mediante a construção feita em sua caminhada e que nela estão também as contradições, nas quais estão os embates e os conflitos.

Políticas de formação de professores para o ensino superior

Para Romanowski (2007, p. 16),

> o processo de constituição da identidade profissional é de desenvolvimento permanente, coletivo e individual, no confronto do velho com o novo, frente aos desafios de cada momento sociohistórico, na busca da superação de uma visão burocrática e acrítica, para que se tenha sustentação de formação e atuação assegurada em bases reflexivas, ou seja, urge pensar e perceber a complexidade que envolve ao mesmo tempo, a formação e a atuação profissional.*

---

* Para saber mais sobre as "bases reflexivas", leia Giroux, 1997; Pimenta, 2002; Libâneo, 2002; Contreras, 2002 e Ghedin, 2002.

Além do conhecimento específico da disciplina que o professor irá ensinar, ele precisa ter condições para "compreender e assegurar-se da importância e do desafio inerente ao processo de ensino-aprendizagem, dos princípios em relação ao caráter ético da sua atividade docente" (Ghedin; Almeida; Leite, 2008, p. 24).

Os professores são considerados profissionais não por exercerem atividades educativas, visto que a educação acontece em todos os lugares, mas sim por exercerem essa atividade nos sistemas de ensino. Portanto, só existe ensino se houver aprendizagem não só do aluno, mas também do professor e, nesse caso, o último só é considerado profissional quando existe a sistematização, a intencionalidade, o planejamento, a organização e o conhecimento que envolve prazer e sentimentos (Romanowski, 2007; Brandão, 1995; Libâneo, 2004). Esse conjunto de critérios profissionais para ser "professor" ou "professora" exige a profissionalização e o profissionalismo, aspecto conjunto denominado por Libâneo (2004) de *profissionalidade*. O autor explica que

> *a profissionalização refere-se às condições ideais que venham a garantir o exercício profissional de qualidade. [...] O profissionalismo refere-se ao desempenho competente e compromissado dos deveres e responsabilidades que constituem a especificidade de ser professor e ao comportamento ético e político expresso nas atitudes relacionadas à pratica profissional.* (Libâneo, 2004, p. 75)

A busca constante do conhecimento possibilita ao professor oferecer aos seus alunos, nessa relação ética-dialógica, o perceber e perceber-se, a criticidade para a transformação social, situando-se como sujeitos históricos e politicamente localizados. A formação continuada do professor está sendo entendida como meio para a aprendizagem do aluno. Assim, não "resolve muito saber o que fazer, sem saber o como fazer" (Libâneo, 2004, p. 9).

Na expressão antecedente, estão inseridos os meios e os fins da educação e da instituição educacional, discussão tratada com atenção pelo autor. Por isso, torna-se oportuno trazê-la para esse contexto, mas para entendê-la é necessário compreender que as condições físicas e materiais são os "meios" para atingir o objetivo da instituição educacional, que são o ensino e a aprendizagem. Nessa relação, apesar de não ser a mesma coisa, um não existe sem o outro, mas eles são interligados e dependentes. Um está presente no outro.

A identidade do professor assenta-se nas condições de trabalho em que ele exerce a sua profissão, a qual está intrinsecamente ligada à maneira como ele se percebe e como a sociedade percebe a função dele

O movimento de perceber e perceber-se na relação com a identidade profissional do educador aponta para duas dimensões: a identidade epistemológica e a identidade profissional. Se essas dimensões estiverem articuladas à formação inicial e à formação continuada, possibilitarão o desenvolvimento profissional e a valorização da identidade dos professores. Em relação à identidade, Pimenta (1999, p. 41) acrescenta:

> **Identidade que é epistemológica**, *ou seja, que reconhece a docência como um campo de conhecimentos específicos configurados em quatro grandes conjuntos, a saber: 1) Conteúdos das diversas áreas do saber e do ensino, ou seja, das ciências humanas e naturais, da cultura e das artes; 2) Conteúdos didático-pedagógicos, diretamente relacionados a saberes pedagógicos mais amplos do campo teórico da prática educacional; [...] 4) Conteúdos ligados à explicitação do sentido da existência humana (individual, sensibilidade pessoal e social). E* **identidade que é profissional**. *Ou seja, a docência constitui um campo específico de intervenção profissional na pratica social – não é qualquer um que pode ser professor.* [grifo nosso]

Inúmeros estudos apontam para preocupações quanto à formação inicial do professor para enfrentamento na realidade em função de outras tantas atribuições a ele aplicadas. Nesse sentido, verificamos nos capítulos anteriores aspectos relativos às intensas transformações pelas quais a sociedade está passando e que estabelecem para a educação novas exigências, as quais, por sua vez, solicitam do professor o desenvolvimento de outras competências para exercer e responder às novas demandas da sociedade. Esse professor deve ser

> *capaz de, apoiando-se nas ciências humanas, sociais e econômicas, compreender as mudanças ocorridas no mundo do trabalho, construindo categorias de análise que lhe permitam apreender as dimensões pedagógicas presentes nas relações sociais e produtivas, de modo a identificar as novas demandas de educação e a que interesses elas se vinculam. Ou seja, compreender historicamente os processos de formação humana em suas articulações com a vida social e produtiva, as teorias e os processos pedagógicos, de modo a ser capaz de produzir conhecimento em educação e intervir de modo competente nos processos pedagógicos amplos e específicos, institucionais e não institucionais, com base em uma determinada concepção de sociedade.* (Kuenzer, 1999, p. 170)

Diante do novo contexto, o qual estabelece para os professores o desenvolvimento de habilidades e de capacidades como o pensamento sistemático, a criatividade, a solidariedade, a habilidade na resolução de problemas, entre outras, a formação inicial, segundo Tedesco (1998), apresenta-se de forma rápida e insuficiente.

Queremos salientar diante dessas características exigidas do professor que é necessária a superação de um modelo de formação que o considere apenas como transmissor de conhecimentos, ou seja, é a superação de um modelo de "racionalidade técnica para lhes assegurar a base reflexiva na sua formação e atuação profissional" (Ghedin; Almeida; Leite, 2008, p. 30). Falar e fazer docência requer a compreensão, por parte do professor, do contexto social em que ele e seus alunos estão inseridos, considerando os valores e os interesses ali existentes, na medida em que as práticas pedagógicas, as formas de organização e de gestão do sistema de ensino não são neutras.

5.1 Por uma política de formação de professores

Vimos nos capítulos anteriores que existe intencionalidade nas diferentes formas de controle que expressam relações de poder, diferindo-se apenas em tempo e espaço não só das atividades exercidas no interior das instituições de ensino, em seus diferentes níveis, mas também da subjetividade do ser humano que por ali caminha.

As novas demandas econômicas do modo de acumulação flexível que se sustentam nas políticas neoliberais interferem significativamente no mundo do trabalho e na formulação das políticas educacionais ditando um novo modelo de formação de professores para a educação.

> Nesse contexto, muitas vezes nos perguntamos: Será que posso lecionar na educação básica? Quais são as exigências para lecionar no ensino superior? Essas questões ainda são frequentes e você possivelmente já tenha feito tais questionamentos também, os quais de certo modo são oriundos da própria legislação, confusa.

Essa reflexão precisa ser meticulosamente acompanhada da observação do quadro de políticas para formação de professores. Por exemplo, no quadro das políticas educacionais neoliberais e das reformas educativas "a educação constituiu-se em elemento facilitador importante dos processos de acumulação capitalista e em decorrência a formação de professores ganha importância estratégica para a realização dessas reformas" (Freitas, 1999, p. 18).

O PNE (Lei n° 10.172/2001), aprovado durante o mandato do ex-presidente Fernando Henrique Cardoso, dá legalidade às inúmeras reformas educacionais feitas no campo da formação de professores que caracterizaram a década de 1990. Destacamos, entre elas, a Resolução n° 02/1997

Essa resolução oferece para o graduado/bacharel a possibilidade, por intermédio de uma complementação pedagógica, de atuar na educação básica, bem como a política de formação em nível superior de professores.

Nessa apreciação dos valores e das formas estabelecidas para o sistema educacional, é oportuno para um melhor entendimento fazermos uma breve retrospectiva dos formatos em que têm sido organizado o ensino no Brasil.

~ O sistema educacional organizado na década de 1930 tinha o seguinte formato: quatro anos para o primário, quatro anos para o ginasial e três anos para o colegial – conhecido como formato 4-4-3. Foi, ainda nessa década, promulgado o Decreto-Lei nº 1.190/1939, referente à seção de Pedagogia, com a oferta de um curso de três anos que titulava o bacharel em Pedagogia.

~ No início da década de 1970, esse formato passou a ser conhecido como 8-3, ou seja, oito anos para o ensino básico, que compreendia o primário e ginásio, e três anos para o ensino secundário (antigo colegial).

~ Atualmente, com a aprovação da LDBEN nº 9.394/1996, como vimos no Capítulo 3, a educação foi organizada em dois níveis de ensino. O primeiro refere-se à **educação básica**, que compreende a educação infantil, o ensino fundamental e o ensino médio; o segundo compreende o **ensino superior** constituído de cursos sequenciais, cursos de graduação e de pós-graduação.

No que se refere ao ensino fundamental, é interessante atentarmos para o fato de que este se divide em séries iniciais (primeira a quinta) e séries finais (sexta a nona), na proposta atual chamada de *ensino de nove anos*[*]. Cabe destacar, a título de curiosidade, quanto às disposições

---

[*] **Lei nº 11.114, de 16 de maio de 2005** – Tornou obrigatória a matrícula das crianças de seis anos de idade no ensino fundamental.
Lei nº 11.274, de 6 de fevereiro de 2006 – Ampliou a duração do ensino fundamental para nove anos, com a matrícula de crianças de seis anos de idade e estabeleceu prazo de implantação, pelos sistemas, até 2010.

gerais para a educação básica (Lei nº 9.394/1996, art. 22 a 28), que diz, especificamente no art. 24, inciso I, que o número de dias letivos é de 200 ao ano, com uma carga horária total de 800 horas anuais.

O título VI da LDBEN nº 9.394/1996 trata dos **profissionais da educação**. O art. 61 da referida lei estabelece que

> *a formação de profissionais da educação, de modo a atender aos objetivos dos diferentes níveis e modalidades de ensino e às características de cada fase do desenvolvimento do educando, terá como fundamentos:*
>
> *I – a associação entre teorias e práticas, inclusive mediante a capacitação em serviço;*
>
> *II – aproveitamento da formação e experiências anteriores em instituições de ensino e outras atividades.*

Fica ainda estabelecido no art. 62 que a formação dos profissionais para atuar na educação básica se dará em nível superior, mas, para a educação infantil e séries iniciais do ensino fundamental, a lei admite a formação de nível médio na modalidade normal. Na sequência, o art. 63 prevê a criação dos institutos superiores de educação, que devem manter:

> *I – cursos formadores de profissionais para a educação básica, inclusive o curso normal superior, destinado à formação de docentes para a educação infantil e para as primeiras séries do ensino fundamental;*
>
> *II – programas de formação pedagógica para portadores de diplomas de educação superior que queiram se dedicar à educação básica;*
>
> *III – programas de educação continuada para os profissionais de educação dos diversos níveis.*

Críticas à parte, percebemos aqui certa preocupação com os problemas pedagógicos.

A formação de professores para as séries finais do ensino fundamental e do ensino médio é de responsabilidade das licenciaturas universitárias que oferecem de um lado os conhecimentos científicos referentes à especificidade da licenciatura (bacharelado) e de outro o conhecimento pedagógico para se habilitar ao magistério.

As Diretrizes Curriculares Nacionais para a formação de professores da educação básica, em nível superior, por meio de cursos de licenciatura, de graduação plena, foram instituídas pelo Parecer CNE/CP nº 09/2001 e pela Resolução CNE/CP nº 01/2002.

Nesses documentos estão postas as diretrizes para a formação de professores, a questão de competências e de conhecimentos para o desenvolvimento profissional e a estrutura curricular. Quanto à carga horária para os cursos de licenciatura plena de formação de professores para a educação básica, em nível superior, o parecer CNE nº 28/2001, que caracteriza a prática como componente curricular, e a resolução CNE/CP nº 02/2002 informam que o curso deve ter o mínimo de 2.800 horas a serem desenvolvidas, no mínimo, em três anos letivos compostos, por 200 dias letivos cada ano. Desse total (2.800 horas), devem ser reservadas 1.800 horas para atividades de natureza científico-cultural. Conforme essa resolução, a carga horária fica assim distribuída:

> I – 400 (quatrocentas) horas de prática como componente curricular, vivenciadas ao longo do curso;
>
> II – 400 (quatrocentas) horas de estágio curricular supervisionado a partir do início da segunda metade do curso;
>
> III – 1.800 (mil e oitocentas) horas de aulas para os conteúdos curriculares de natureza científico-cultural;
>
> IV – 200 (duzentas) horas para outras formas de atividades acadêmico-científico-culturais.

É importante ressaltar que em 2006 foram aprovadas as Diretrizes para o Curso de Pedagogia (Parecer CNE/CP nº 05/2005 e Resolução CNE/CP nº 01/2006). Este forma professores para atuar na educação infantil e nas séries iniciais do ensino fundamental e se difere da normatização anteriormente posta. A carga horária, nesse caso, está definida em 3.200 horas e, destas, 300 horas são dedicadas às atividades do estágio supervisionado e mais 100 horas de atividades teórico-práticas de aprofundamento em áreas de interesse do discente.

5.1.1 A formação para professor do ensino superior

A preparação para lecionar no **ensino superior**, assunto posto no art. 66 da LDBEN, diz que deve ser feita em nível de pós-graduação, prioritariamente em programas de mestrado e doutorado e que para esse nível de ensino não se inclui a prática de ensino de 300 horas (art. 65).

O Decreto nº 2.668, de 13 de julho de 1998, regulamenta o art. 57 da LDBEN e estabelece a obrigatoriedade de um mínimo de oito horas semanais de aulas nas instituições públicas de educação superior.

Outra situação a ser verificada é quanto ao percentual de professores conforme a titulação para a composição do corpo docente, o qual é diferente para universidades e instituições de ensino superior, conforme aponta o art. 52 da LDBEN.

> Art. 52. *As universidades são instituições pluridisciplinares de formação dos quadros profissionais de nível superior, de pesquisa, de extensão e de domínio e cultivo do saber humano, que se caracterizam por:*
> *I – produção intelectual institucionalizada mediante o estudo sistemático dos temas e problemas mais relevantes, tanto do ponto de vista científico e cultural, quanto regional e nacional;*
> *II – um terço do corpo docente, pelo menos, com titulação acadêmica de mestrado ou doutorado;*
> *III – um terço do corpo docente em regime de tempo integral.*
> *[...]*

É necessário que o professor perceba o intercruzamento das políticas educacionais com a prática pedagógica e as políticas de formação de professores, as quais refletem significativamente na qualidade do ensino do professor no interior da sala de aula, ou seja, no processo de ensino-aprendizagem. Compreender as políticas de formação de professores na perspectiva das transformações que ocorreram na sociedade, principalmente na relação com o mundo do trabalho, "uma vez que cada estágio de desenvolvimento das forças produtivas gesta um projeto pedagógico que corresponde às suas demandas de formação de intelectuais, tanto dirigentes quanto trabalhadores" (Kuenzer, 1998), é caminhar na busca reflexiva de transformação na qualidade da educação brasileira e na construção de uma sociedade mais justa e igualitária.

Síntese

Buscamos fazer uma reflexão sobre a importância da formação inicial e continuada dos professores e também sobre a valorização desse profissional na atualidade. Outro ponto abordado refere-se à conscientização do professor sobre a relação entre as políticas educacionais, as transformações em curso na sociedade contemporânea e a qualidade do ensino.

Indicação cultural

A ONDA. Direção: Alex Grasshoff. Produção: Fern Field. EUA: Sony Pictures Television, 1981. 44 min.

> *Baseado em uma historia real, aborda temas como alienação dos alunos, contradições na sociedade, criatividade do professor, conflitos individuais e coletivos na academia e na família.*

Atividades de Autoavaliação

1. Complete as lacunas:
   Docência requer a _____ por parte do professor, do _____ _____ em que ele e seus alunos estão inseridos, considerando os _____ e os _____ ali existentes, na medida em que as _____ _____, as _____ de _____ e de _____ do sistema de ensino não são _____.

   A ordem correta das palavras inseridas é:
   a) Contexto; social; valores; interesses; práticas; pedagógicas; formas; compreensão; organização; gestão; neutras.
   b) Organização; gestão; neutras; compreensão; contexto; social; valores; interesses; práticas; pedagógicas; formas.
   c) Compreensão; contexto; social; valores; interesses; práticas; pedagógicas; formas; organização; gestão; neutras.
   d) Compreensão; contexto; social; valores; organização; gestão; neutras; valores; interesses; práticas; formas.

2. Marque com (V) as afirmações verdadeiras e com (F) as falsas sobre o sistema federal de ensino.
   ( ) As demandas econômicas interferem na formulação de políticas educacionais.
   ( ) Para os cursos de licenciatura plena de formação de professores para a educação básica, 2.800 horas é a carga horária mínima.
   ( ) A graduação é a titulação que permite ao professor lecionar no ensino superior.
   ( ) A formação continuada do professor é importante para a transformação da educação.

A ordem correta de cima para baixo é:
a) V, V, F, F.
b) V, F, V, V.
c) F, V, F, V.
d) F, F, V, F.

3. Relacione a primeira coluna com segunda quanto ao conjunto de critérios profissionais para ser "professor" ou "professora", na visão de Libâneo (2004).

A sequência correta de cima para baixo é:
a) II, I, III, II, I.
b) II, I, II, III, I.
c) I, II, II, III, I.
d) II, I, I, III, I.

4. Leia as sentenças a seguir identificando as verdadeiras quanto ao processo de constituição da identidade profissional do professor.
I) Desenvolvimento permanente, coletivo e individual, no confronto do velho com o novo.
II) Dentro de uma visão burocrática e acrítica.
III) Formação e atuação assegurada em bases reflexivas.
IV) Ético da sua atividade docente.

A alternativa correta é:
a) Sentenças I, III e IV.
b) Sentenças II e VI.
c) Sentenças II, III e IV.
d) Sentenças I e III.

5. Preencha as lacunas:
   É necessário que o professor _____ o _____ das _____ educacionais, com a _____ pedagógica e as políticas de formação de professores, que _____ significativamente na _____ do ensino do professor no interior da sala de aula, ou seja, no processo de ensino-aprendizagem.

   Agora, assinale a alternativa que contenha os termos adequados para tornar a afirmativa correta:
   a) Políticas; perceba; intercruzamento; qualidade; prática; refletem.
   b) Perceba; intercruzamento; políticas; prática; refletem; qualidade.
   c) Intercruzamento; perceba; políticas; refletem; qualidade; prática.
   d) Perceba; políticas; intercruzamento; prática; refletem; qualidade.

Atividades de Aprendizagem

Questões para Reflexão

1. Reflita sobre a relação de interdependência entre o trabalho do professor, o trabalho do aluno e o processo de ensino-aprendizagem.

2. Explique a visão de Romanowski (2007, p. 16) quanto à identidade profissional:

   > o processo de constituição da identidade profissional é de desenvolvimento permanente, coletivo e individual, no confronto do velho com o novo, frente aos desafios de cada momento sociohistórico, na busca da superação de uma visão burocrática e acrítica, para que se tenha sustentação de formação e atuação assegurada em bases reflexivas, ou seja, urge pensar e perceber a complexidade que envolve ao mesmo tempo, a formação e a atuação profissional.

3. Com base no texto e nas leituras indicadas, explique:
   a) A relação entre as políticas educacionais e o setor econômico.
   b) Como você analisa a afirmação: "A conclusão que se chegou é que além da educação ser um bem social público também é um direito humano universal".
   c) Segundo diretrizes da Constituição e da LDBEN, os profissionais da educação, em suas ações, devem se vincular ao mundo do trabalho e à prática social. O que você vê de positivo e de negativo em tal direcionamento?

Atividades Aplicadas: Prática

1. Faça uma leitura do capítulo e elabore uma síntese do que foi estudado.

2. Elabore um questionário, com no máximo dez questões, sobre a importância da formação continuada para a prática pedagógica docente. Aplique esse instrumento para o corpo docente de uma instituição de ensino superior, faça a análise das respostas obtidas e elabore um texto crítico-reflexivo.

3. Elabore um texto reflexivo sobre a relação entre as políticas educacionais, a formação de professores e o processo de ensino-aprendizagem.

Considerações finais

Este livro seguiu uma linha temporal e narrativa e trouxe elementos que devem ser aprofundados com outras leituras. Foi possível perceber que estabelecer a relação entre as transformações do mundo do trabalho, as políticas educacionais e a formação de professores não é tarefa fácil. Por um lado, não é possível discutir a formação de professores sem compreender a realidade social, em especial o novo regime de acumulação, os processos de globalização e o ideário neoliberal que perpassa esses processos, uma vez que estes têm implicações diretas na formação profissional. Por outro lado, tratar da formação de professores na sociedade contemporânea exige clareza sobre qual educação se deseja.

As transformações que vêm ocorrendo na sociedade contemporânea, assentadas na reestruturação produtiva, na economia e na política, refletem-se de forma significativa nas políticas educacionais na medida em que para o desenvolvimento do processo de acumulação capitalista é exigida a formação de profissionais que correspondam a esse novo modo de produção. O desenvolvimento das novas tecnologias, que acirraram a competitividade das empresas através do mundo globalizado, exige que o trabalhador busque qualificar-se permanentemente para atender a mudança do processo de trabalho.

Em face dessas mudanças – da rigidez à flexibilização –, o trabalhador necessita agora buscar conhecimento e interagir de forma diferenciada com ele e com a educação para atender à necessidade desse novo perfil de profissional, que, por sua vez, vem sendo rapidamente substituído pela máquina.

A ciência e a tecnologia, agora presentes de forma bastante diferenciada nas relações produtivas e sociais, exigem maior conhecimento crítico e criatividade do trabalhador por meio da interação entre os conteúdos e os métodos das diferentes áreas do conhecimento, exigindo que a educação esteja presente de maneira continuada na vida desse novo tipo de trabalhador. Percebemos assim que as mudanças ocorridas no mundo do trabalho colocam novas exigências para a educação, que é chamada a atender essa nova demanda da formação do trabalhador.

De um lado, o discurso de maior escolaridade que está por trás do "mundo oficial", de uma participação mais qualificada na vida produtiva, atrelado a assegurar a permanência no mercado de trabalho; de outro, o "mundo real" mostra que isso está longe de acontecer. Esse contexto traz em seu bojo o desemprego ascendente e a redução da remuneração, ocasionando o aumento das desigualdades sociais, as mudanças nas relações sociais e dificultando tanto o acesso quanto a permanência no trabalho e na educação.

Os desafios apresentados à educação em relação aos impactos das mudanças ocorridas no mundo do trabalho, na mesma medida em que solicitam um trabalhador de novo tipo que atenda a essa etapa de desenvolvimento das forças produtivas, requer da educação uma nova pedagogia que responda a essa demanda, a qual está posta para atender aos diversos níveis de trabalhadores, bem como a um novo perfil de professor. Para isso, a LDBEN e uma vasta legislação complementar tratam da formação do professor. Essa legislação foi criada para atender a curto prazo as políticas ditadas pelos organismos internacionais no que se refere ao sistema educacional e que trouxeram implicações desastrosas para essa formação.

As políticas educacionais no Brasil são fortemente influenciadas pelo ideário da classe dominante: condicionadas e direcionadas, inclusive por organismos internacionais, para a formação de profissionais que atendam às necessidades do sistema em diferentes níveis, tecnicizando e tornando alienante essa formação. É motivo de revolta dos educadores brasileiros quando é negada a sua participação para a transformação social pelas práticas pedagógicas de forma crítica. Essas práticas têm por objetivo proporcionar aos estudantes formação para que sejam cidadãos ativos em busca dessa transformação, desconsiderando também a realidade, dando forças à reprodução, esvaziando-se de seu compromisso político e social que o momento exige e imputando a ele o cargo de "executor" de tarefas.

Ao se exigir do professor sua constante atualização, ao mesmo tempo em que o remunera de forma que isso se torne de difícil consecução, obriga-o a múltiplos empregos, exaure-o e o mantém em permanente estado de estresse, limitando sobremaneira os resultados de seu trabalho. Na prática, impede-se que ele possa desenvolver um trabalho de efetiva formação crítica e transformadora do ambiente social. De um lado, o sistema educacional é apresentado como a solução de todos os problemas; de outro, é limitado e condicionado, pois ao não permitir que o professor participe da formulação das políticas educacionais ou do planejamento da educação, transforma-o em mero executor de tarefas, como um operário que aperta parafusos ou executa outra tarefa mecânica qualquer.

O mercado de trabalho é que estabelece a quantidade, a forma e quais conhecimentos devem ser buscados pelos trabalhadores, sendo oferecidos a eles vários tipos de educação pelas escolas, sendo que vem tendo influência também nos cursos de formação de professores e mudanças constantes dos currículos.

Percebemos o contínuo desrespeito para com a educação e com o magistério, como se a docência fosse algo muito simples, e ainda que através do poder, encoberto pelas inúmeras reformas, afirme-se na instrumentalização. É possível verificar o descompasso e a contradição da sociedade capitalista na medida em que retira-se da formação do professor – o mediador entre aluno e conhecimento, que deve objetivar o desenvolvimento do comportamento científico dos educandos – o desenvolvimento de suas capacidades intelectuais e cognitivas para compreender e transformar a realidade, através de um comportamento crítico que só se dará em situações de aprendizagem.

Vimos também a gradativa redução do orçamento do Estado destinado à educação ao mesmo tempo em que a transforma em objeto a ser usado pelo mercado para a consecução do seu objetivo. A diminuição dos custos destinados à educação por parte do Estado oferece ao professor condições precárias de trabalho e salário que fere, há muito, sua dignidade.

O Estado vem formulando as políticas para a educação, como o faz com as demais políticas sociais, pautando-se pelos interesses globais capitalistas e neoliberais, na medida em que preserva e segue rigidamente os ditames do FMI. Por um lado, o discurso de permitir o acesso da população marginalizada à educação em seus diferentes níveis permanece seguindo a mesma linha mestra, adotando-se alguns mecanismos que são apresentados como solução quando, na realidade, são efetivamente paliativos, assistencialistas e paternalistas.

Alguns professores, dependendo do turno, veem de outro emprego que igualmente os esgota, frustra e estressa; outros se dirigem para mais uma jornada de trabalho em que encontrarão situações semelhantes ou idênticas às enfrentadas no turno anterior. Inclusive com alunos apresentando problemas de ordem familiar, que decorrem, por sua vez, da situação em que se encontra a maioria das famílias brasileiras: vivendo em situação de extrema dificuldade econômica e com o agravante de que as desigualdades sociais passam progressivamente a ser percebidas como naturais, reforçando-se ainda mais a exclusão.

As instituições educacionais são um instrumento de desenvolvimento da cultura. A partir dele vai se possibilitar ao aluno a aquisição do conhecimento como um direito humano fundamental. O desafio que se coloca para a educação é o de como preparar as novas gerações para o trabalho, para a vida social e para a cultura, sem degradá-las, sem submetê-las à opressão social ou aliená-las. É necessário, então, que se perceba que as instituições educacionais não estão isentas para a contribuição dessa (re)significação do sujeito em uma sociedade historicamente construída.

Devemos ter clareza que a escola é uma instituição social, e como tal, está inserida na história. É nela que se reflete a estrutura da sociedade, na medida em que ela determina o processo educativo, sobretudo diante da função não só da escola, mas também do educador quanto à formação do educando. Isso significa dizer que a escola sofre e exerce influência na relação com a realidade da sociedade em que está inserida, ela não se encontra de forma neutra diante das interferências externas, nem há como imaginar que poderia ser construída isoladamente.

A educação precisa assumir nos dias de hoje a significação de um processo voltado para a instauração da cidadania. Por ser a educação escolar uma prática cujas ferramentas técnicas são especificamente simbólicas e constitutivas da condição humana, ela atua sobre o conjunto das demais mediações da existência, a partir dessa especificidade. É ela que torna possível a apropriação dos saberes sistematizado e elaborado, produzidos pelas gerações anteriores, ou seja, o acervo cultural da humanidade. Portanto, a escola, sendo um espaço de acesso aos bens culturais, tem por função garantir a todos o conhecimento científico e elaborado para ser crítico, conhecedor e transformador de sua realidade.

A época atual continua solicitando dos profissionais da educação a busca contínua na formação, efetivando-se na práxis e num pensar "reflexivo-crítico-criativo", na busca de um aprofundamento dos estudos referentes às políticas educacionais e à formação de professores.

Conversamos sobre as transformações do mundo do trabalho que também modificaram as relações sociais e colocaram novas necessidades de educação para o desenvolvimento das forças produtivas, variando conforme a intencionalidade na relação dos que estão no e com o poder.

Da mesma forma que cada fase do desenvolvimento social e econômico exige mudanças no perfil do trabalhador, essas exigências estão postas também para a educação que, na mesma proporção, exige um novo perfil de professor para atender à formação do trabalhador que vive, hoje, momentos de profundas incertezas provocadas pelo acelerado processo de globalização econômica, que como já exposto é desigual e contraditório. Desigual porque aumenta as distâncias sociais e contraditório porque no discurso traz a ideia do estreitamento, da aproximação, ou seja, da diminuição entre as relações e interesses sociais, na possibilidade de maior autonomia e igualdade de direitos entre os seres humanos. Essa desigualdade é marcada pelo processo de acumulação flexível que se efetivou através das políticas neoliberais.

A pedagogia criada para atender a essa etapa de desenvolvimento social e econômico centrava-se em um paradigma linear e fragmentado que necessitava apenas da disciplina e da "decoreba", sendo necessário, para isso, pouca escolarização, ou seja, o suficiente para o desenvolvimento das habilidades motoras. O professor para formar esse trabalhador deveria garantir o desenvolvimento nos alunos para esse fim, bastando ao docente a transmissão do conteúdo escolar, enfatizado no currículo que garantisse os requisitos básicos para o trabalho.

O processo de globalização econômica, o desenvolvimento técnico e científico e a reestruturação produtiva com bases flexíveis mudaram as relações sociais e o perfil do próprio trabalhador, que agora além de servir ao mercado interno precisa estar apto a atender às exigências do capital internacional.

O perfil do trabalhador agora requer autonomia, trabalho em equipe, flexibilidade, dinamicidade, capacidade de resolver situações-problema etc., sendo necessária para a aquisição dessas habilidades a mediação do conhecimento por meio da ampliação da sua escolaridade. Muda o modo de produção, muda a exigência do perfil do trabalhador, requer-se uma outra pedagogia, portanto, outro perfil de professor.

A nova organização dos processos sociais e produtivos solicita do novo professor a mediação entre aluno e conhecimento, oportunizando o desenvolvimento das atividades intelectuais e cognitivas, entrelaçando conteúdos e metodologias, sociedade e história com ciência e tecnologia para através do conhecimento e da leitura da realidade poder transformá-la, utilizando-se também da vivência dos alunos. A relação aluno-professor-conhecimento deve objetivar o desenvolvimento do comportamento científico nos alunos. Devido à complexificação da ação docente, essa proposta pedagógica estabelece também relação com as diversas áreas do conhecimento, bem como com seus pares.

O momento atual, que se pauta na flexibilização, traz uma nova pedagogia, exigindo agora que a educação desenvolva as capacidades intelectuais do homem. Para que o professor consiga desenvolver as competências cognitivas exigidas, há a necessidade de conhecimento e da interação das diferentes áreas do conhecimento, de uma formação interdisciplinar. Esse processo de transformação só poderá ocorrer se o professor, consciente de suas responsabilidades, modificar também a sua prática em relação à sua atuação pedagógica.

A formação do professor requer cada vez mais a graduação superior, isso porque, como enfatizado anteriormente, a ação docente é complexa, visto a necessidade de compreensão para interpretar as diferentes realidades. Aliado aos fatores anteriormente expostos, esse entendimento torna-se cada vez mais sério e maior quanto menor forem os investimentos públicos na educação. Isso pede do professor que ele assuma um compromisso ainda maior para enfrentar as desigualdades sociais, exigindo dele "competência", criatividade e esforço para desenvolver no aluno as exigências postas, por meio de um trabalho desenvolvido muitas vezes em situações precárias e ainda ladeado de um salário que agride a sua dignidade.

Essas situações são resultantes de propostas internacionais, através das políticas neoliberais, para enfrentar a crise do Estado. Uma das propostas está na diminuição de custos por parte do Estado, na esfera da educação, na tentativa de compor as ações para se estabelecer a economia, objetivando a aquisição de financiamentos, situação citada anteriormente. É oportuno lembrar Anísio Teixeira, quando se refere ao vazio que ocorre entre a lei elaborada e a realidade brasileira.

É fundamental entender e acreditar que o professor, elemento-chave na formação desse novo homem, deve buscar interagir permanentemente com o seu aluno e o conhecimento, buscando desenvolvê-lo não só através dos conteúdos, mas pela interação dos conhecimentos historicamente construídos com a ciência e a tecnologia, para que através do desenvolvimento cognitivo leve o aluno e a si mesmo à compreensão e à leitura das diferentes formas de interpretação da realidade num contínuo processo de crescimento, que só acontece em situações de aprendizagem, para a busca do comportamento crítico de seus alunos.

Glossário[*]

Burguesia – Na sociedade feudal, por influência do comércio, surgiu essa classe social. A burguesia abriu espaço político para outras camadas da população, pois anteriormente só a nobreza, o clero e os senhores tinham voz e poder de decisão

Capitanias Hereditárias – Entre 1534 e 1536 foram criadas 14 capitanias com o objetivo de tornar possível o povoamento e a defesa, bem como a propagação da fé católica. O sistema de adoção a particu-

---

[*] Esse glossário é baseado em: Harvey, 2004, p. 140; Libâneo, 2003; Xavier; Ribeiro; Noronha, 1994, p. 27 Burguesia, 2001 e Ribeiro, 2003, p. 17.

lares parecia o mais adequado diante da incapacidade de atender às vultuosas despesas da colonização.

Consenso de Washington – Esse termo foi criado pelo economista John Williamson, em 1989, cuja intencionalidade era o ajuste econômico dos países em desenvolvimento, ou melhor, eram políticas que os Estados Unidos defendiam para a crise econômica dos países da América Latina.

Estagflação – Estagnação da produção de bens e alta inflação de preços.

Marquês de Pombal – Sebastião José de Carvalho e Melo nasceu em 1699 em Lisboa. Foi primeiro-ministro de Portugal (assuntos exteriores) no período de 1750 a 1777. Conhecido por ser polêmico, as reformas por ele elaboradas, denominadas *Reformas Pombalinas*, abraçam o campo da política, da educação, da economia e da administração, tanto de Portugal quanto de suas colônias.

Medida provisória – É uma prerrogativa do presidente da República para legislar em caso de relevância ou urgência. Com força de Lei, a MP entra em vigor após a sua publicação e deve ser submetida imediatamente ao Congresso Nacional, para ser convertida em lei. Caso contrário, perde a validade em 60 dias, podendo, ser, reeditada uma única vez.

Modelo agrário exportador dependente – É aquele que, quer sob o jugo da metrópole portuguesa, quer sob uma monarquia constitucional ou uma de república federativa oligárquica, organizou-se e reorganizou-se com a função de incrementar o capitalismo mercantil e depois o capitalismo industrial europeu.

Positivismo – é uma linha teórica da sociologia que predominou na segunda metade do século XIX e início do século XX. A sua característica básica é a "observação" na busca por explicações para as coisas práticas. Teve forte influência no pensamento dos construtores do movimento republicano no Brasil.

Referências

ARANHA, M. L. A. **História da educação**: São Paulo: Moderna, 1996.

AZANHA, J. M. P. Planos e políticas de educação no Brasil: alguns pontos para reflexão. In: MENEZES, J. G. de C. et al. **Estrutura e funcionamento da educação básica**: leituras. São Paulo: Pioneira, 1998.

AZEVEDO, F. de. Manifesto dos Pioneiros da Educação Nova (1932). **Revista HISTEDBR on-line**, Campinas, número especial, p. 188--204, ago. 2006. Disponível em: <http://www.histedbr.fae.unicamp.br/doc1_22e.pdf>. Acesso em: 15 jan. 2009.

BASBAUM, L. **Historia sincera da República**: das origens até 1889. Rio de Janeiro: São José, 1957. v. 1.

BEHRENS, M. A. **Formação continuada de professores e a prática pedagógica**. Curitiba: Champagnat, 1996.

BRANDÃO, C. R. **O que é educação**. 33. ed. São Paulo: Brasiliense, 1995. (Coleção Primeiros Passos).

BRASIL. Constituição da República dos Estados Unidos do Brasil, de 24 de fevereiro de 1891. **Diário Oficial [da] República Federativa do Brasil**, Rio de Janeiro, 24 fev. 1891. Disponível em: <http://www.planalto.gov.br/ccivil_03/Constituicao/Constitui%C3%A7ao91.htm>. Acesso em: 12 out. 2008.

_____. Constituição da República dos Estados Unidos do Brasil, de 16 de julho de 1934. **Diário Oficial [da] República Federativa do Brasil**, Rio de Janeiro, 16 jul. 1934. Disponível em: <https://www.planalto.gov.br/ccivil_03/Constituicao/Constituiçao34.htm>. Acesso em: 28 jan. 2009.

_____. Constituição da República Federativa do Brasil, de 5 de outubro de 1988. **Diário Oficial [da] República Federativa do Brasil**, Brasília, 5 out. 1988a. Disponível em: <http://www.planalto.gov.br/ccivil_03/constituicao/constitui%C3%A7ao.htm>. Acesso em: 27 jan. 2009.

_____. Constituição dos Estados Unidos do Brasil, de 10 de novembro de 1937. **Diário Oficial [da] República Federativa do Brasil**, Rio de Janeiro, 10 nov. 1937a. Disponível em: <https://www.planalto.gov.br/ccivil_03/Constituicao/Constituiçao37.htm>. Acesso em: 28 jan. 2009.

Brasil. Constituição dos Estados Unidos do Brasil, de 18 de setembro de 1946. **Diário Oficial [da] República Federativa do Brasil**, Rio de Janeiro, 19 set. 1946. Disponível em: <https://www.planalto.gov.br/ccivil_03/Constituicao/Constituiçao46.htm>. Acesso em: 28 jan. 2009.

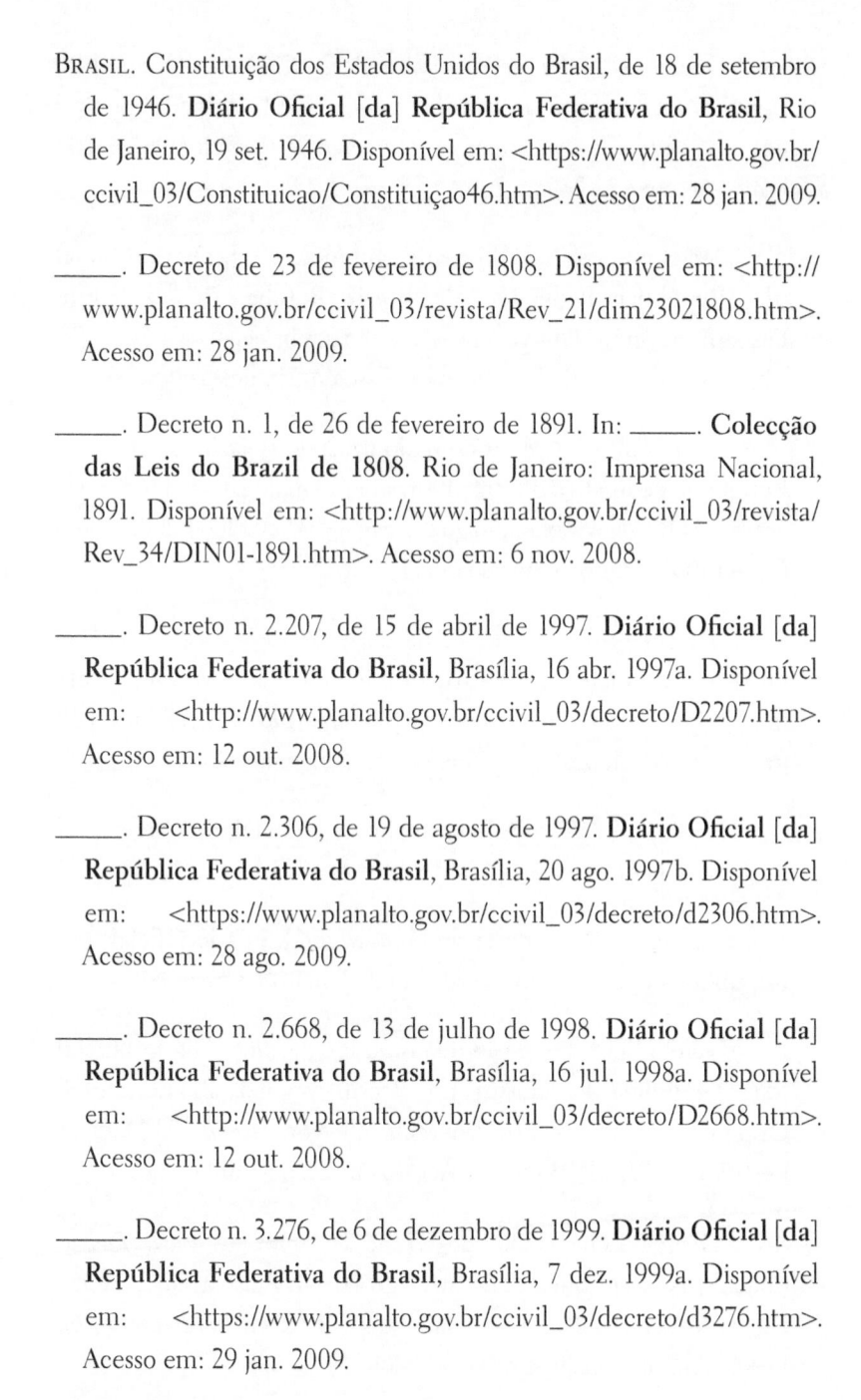

_____. Decreto de 23 de fevereiro de 1808. Disponível em: <http://www.planalto.gov.br/ccivil_03/revista/Rev_21/dim23021808.htm>. Acesso em: 28 jan. 2009.

_____. Decreto n. 1, de 26 de fevereiro de 1891. In: _____. **Colecção das Leis do Brazil de 1808**. Rio de Janeiro: Imprensa Nacional, 1891. Disponível em: <http://www.planalto.gov.br/ccivil_03/revista/Rev_34/DIN01-1891.htm>. Acesso em: 6 nov. 2008.

_____. Decreto n. 2.207, de 15 de abril de 1997. **Diário Oficial [da] República Federativa do Brasil**, Brasília, 16 abr. 1997a. Disponível em: <http://www.planalto.gov.br/ccivil_03/decreto/D2207.htm>. Acesso em: 12 out. 2008.

_____. Decreto n. 2.306, de 19 de agosto de 1997. **Diário Oficial [da] República Federativa do Brasil**, Brasília, 20 ago. 1997b. Disponível em: <https://www.planalto.gov.br/ccivil_03/decreto/d2306.htm>. Acesso em: 28 ago. 2009.

_____. Decreto n. 2.668, de 13 de julho de 1998. **Diário Oficial [da] República Federativa do Brasil**, Brasília, 16 jul. 1998a. Disponível em: <http://www.planalto.gov.br/ccivil_03/decreto/D2668.htm>. Acesso em: 12 out. 2008.

_____. Decreto n. 3.276, de 6 de dezembro de 1999. **Diário Oficial [da] República Federativa do Brasil**, Brasília, 7 dez. 1999a. Disponível em: <https://www.planalto.gov.br/ccivil_03/decreto/d3276.htm>. Acesso em: 29 jan. 2009.

Brasil. Decreto n. 3.860, de 9 de julho de 2001. **Diário Oficial [da] República Federativa do Brasil**, Brasília, 10 jul. 2001a. Disponível em: <https://www.planalto.gov.br/ccivil_03/decreto/2001/d3860.htm>. Acesso em: 28 jan. 2009.

_____. Decreto n. 5.622, de 19 de dezembro de 2005. **Diário Oficial [da] República Federativa do Brasil**, Brasília, 20 dez. 2005a. Disponível em: <http://www.planalto.gov.br/ccivil_03/_Ato2004-2006/2005/Decreto/D5622.htm>. Acesso em: 12 out. 2008.

_____. Decreto n. 5.773, de 9 de maio de 2006. **Diário Oficial [da] República Federativa do Brasil**, Brasília, 10 maio 2006a. Disponível em: <http://www.planalto.gov.br/ccivil_03/_Ato2004-2006/2006/Decreto/D5773.htm>. Acesso em: 12 out. 2008.

_____. Decreto n. 19.890, de 18 de abril de 1931. Disponível em: <http://www.histedbr.fae.unicamp.br/navegando/fontes_escritas/5_Gov_Vargas/decreto%2019.890-%201931%20reforma%20francisco%20campos.htm>. Acesso em: 28 jan. 2009.

_____. Decreto n. 27.625, de 16 de janeiro de 1950. **Diário Oficial [da] República Federativa do Brasil**, Rio de Janeiro, 17 jan. 1950.

_____. Decreto n. 29.741, de 11 de julho de 1951. **Diário Oficial [da] República Federativa do Brasil**, Rio de Janeiro, 13 jul. 1951.

_____. Decreto-Lei n. 53, de 18 de novembro de 1966. **Diário Oficial [da] República Federativa do Brasil**, Brasília, 21 nov. 1966. Disponível em: <http://www.planalto.gov.br/ccivil_03/Decreto-Lei/1965-1988/Del0053.htm>. Acesso em: 12 out. 2008.

Brasil. Decreto-Lei n. 200, de 25 de fevereiro de 1967. **Diário Oficial [da] República Federativa do Brasil**, Brasília, 27 fev. 1967. Disponível em: <http://www.planalto.gov.br/ccivil_03/Decreto-Lei/Del0200.htm>. Acesso em: 12 out. 2008.

_____. Decreto-Lei n. 464, de 11 de fevereiro de 1969. **Diário Oficial [da] República Federativa do Brasil**, Brasília, 11 fev. 1969a. Disponível em: <https://www.planalto.gov.br/ccivil_03/decreto-lei/1965-1988/Del0464.htm>. Acesso em: 28 jan. 2009.

_____. Decreto-Lei n. 1.044, de 21 de outubro de 1969. **Diário Oficial [da] República Federativa do Brasil**, Brasília, 11 nov. 1969b. Disponível em: <http://www.planalto.gov.br/ccivil_03/Decreto-Lei/Del1044.htm>. Acesso em: 12 out. 2008.

_____. Decreto-Lei n. 1.190, de 4 de abril de 1939. **Diário Oficial [da] República Federativa do Brasil**, Rio de Janeiro, 31 dez. 1939.

_____. Emenda Constitucional n. 14, de 12 de setembro de 1996. **Diário Oficial [da] República Federativa do Brasil**, Brasília, 13 set. 1996a. Disponível em: <http://www.planalto.gov.br/ccivil_03/Constituicao/Emendas/Emc/emc14.htm>. Acesso em: 12 out. 2008.

_____. Emenda Constitucional n. 53, de 19 de dezembro de 2006. **Diário Oficial [da] República Federativa do Brasil**, Brasília, 20 dez. 2006b. Disponível em: <http://www.planalto.gov.br/ccivil_03/Constituicao/Emendas/Emc/emc53.htm>. Acesso em: 12 out. 2008.

_____. Lei n. 452, de 5 de julho de 1937b. **Diário Oficial [da] República Federativa do Brasil União**, Rio de Janeiro, 10 jul. 1937.

_____. Lei n. 2.165, de 5 de janeiro de 1954. **Diário Oficial [da] República Federativa do Brasil**, Rio de Janeiro, 8 jan. 1954.

BRASIL. Lei n. 4.024, de 20 de dezembro de 1961. **Diário Oficial [da] República Federativa do Brasil**, Brasília, 27 dez. 1961. Disponível em:<http://www.planalto.gov.br/ccivil_03/Leis/L4024.htm>. Acesso em: 12 out. 2008.

_____. Lei n. 4.375, de 17 de agosto de 1964. **Diário Oficial [da] República Federativa do Brasil**, Brasília, 3 set. 1964. Disponível em: <http://www.planalto.gov.br/ccivil_03/Leis/L4375.htm>. Acesso em: 12 out. 2008.

_____. Lei n. 5.540, de 28 de novembro de 1968. **Diário Oficial [da] República Federativa do Brasil**, Brasília, 3 dez. 1968. Disponível em: <http://www.planalto.gov.br/ccivil_03/Leis/L5540.htm>. Acesso em: 12 out. 2008.

_____. Lei n. 5.692, 11 de agosto de 1971. **Diário Oficial [da] República Federativa do Brasil**, Brasília, 12 ago. 1971. Disponível em: <http://www.planalto.gov.br/ccivil_03/Leis/L5692.htm>. Acesso em: 12 out. 2008.

_____. Lei n. 7.692, de 20 de dezembro de 1988. **Diário Oficial [da] República Federativa do Brasil**, Brasília, 21 dez. 1988b. Disponível em: <http://www.planalto.gov.br/ccivil_03/Leis/L7692.htm>. Acesso em: 12 out. 2008.

_____. Lei n. 9.131, de 24 de novembro de 1995. **Diário Oficial [da] República Federativa do Brasil**, Brasília, 25 nov. 1995a. Disponível em: <http://www.planalto.gov.br/ccivil_03/Leis/L9131.htm>. Acesso em: 12 out. 2008.

_____. Lei n. 9.192, de 21 de dezembro de 1995. **Diário Oficial [da] República Federativa do Brasil**, Brasília, 22 dez. 1995b. Disponível em: <http://www.planalto.gov.br/ccivil_03/Leis/L9192.htm>. Acesso em: 12 out. 2008.

BRASIL. Lei n. 9.394, de 20 de dezembro de 1996. **Diário Oficial [da] República Federativa do Brasil**, Brasília, 23 dez. 1996b. Disponível em: <http://www.planalto.gov.br/ccivil_03/Leis/L9394.htm>. Acesso em: 12 out. 2008.

_____. Lei n. 9.870, de 23 de novembro de 1999. **Diário Oficial [da] República Federativa do Brasil**, Brasília, 24 nov. 1999b. Disponível em: <http://www.planalto.gov.br/ccivil_03/Leis/L9870.htm>. Acesso em: 12 out. 2008.

_____. Lei n. 10.172, de 9 de janeiro de 2001. **Diário Oficial [da] República Federativa do Brasil**, Brasília, 10 jan. 2001b. Disponível em: <http://www.planalto.gov.br/ccivil_03/Leis/LEIS_2001/L10172.htm>. Acesso em: 12 out. 2008.

_____. Lei n. 10.861, de 14 de abril de 2004. **Diário Oficial [da] República Federativa do Brasil**, Brasília, 15 abr. 2004a. Disponível em: <http://www.planalto.gov.br/ccivil_03/_Ato2004-2006/2004/Lei/L10.861.htm>. Acesso em: 12 out. 2008.

_____. Lei n. 11.096, de 13 de janeiro de 2005. **Diário Oficial [da] República Federativa do Brasil**, Brasília, 14 jan. 2005b. Disponível em: <http://www.planalto.gov.br/ccivil_03/_Ato2004-2006/2005/Lei/L11096.htm>. Acesso em: 12 out. 2008.

_____. Lei n. 11.114, de 16 de maio de 2005. **Diário Oficial [da] República Federativa do Brasil**, Brasília, 17 maio 2005c. Disponível em: <http://www.planalto.gov.br/ccivil_03/_Ato2004-2006/2005/Lei/L11114.htm>. Acesso em: 12 out. 2008.

BRASIL. Lei n. 11.274, de 6 de fevereiro de 2006. **Diário Oficial [da] República Federativa do Brasil**, Brasília, 7 fev. 2006c. Disponível em: <http://www.planalto.gov.br/ccivil_03/_Ato2004-2006/2006/Lei/L11274.htm>. Acesso em: 12 out. 2008.

_____. Lei n. 11.494, de 20 de junho de 2007. **Diário Oficial [da] República Federativa do Brasil**, Brasília, 21 jun. 2007a. Disponível em: <http://www.planalto.gov.br/ccivil_03/_Ato2007-2010/2007/Lei/L11494.htm>. Acesso em: 12 out. 2008.

BRASIL. Ministério da Ciência e Tecnologia. **Pacti – Programa de Apoio à Capacitação Tecnológica da Industria**. Disponível em: <http://ftp.mct.gov.br/prog/pacti/Default.htm>. Acesso em: 15 jan. 2009a.

BRASIL. Ministério da Educação. Portaria n. 7, de 19 de março de 2004. **Diário Oficial [da] República Federativa do Brasil**, Brasília, 22 mar. 2004b. Disponível em: <http://portal.mec.gov.br/sesu/arquivos/pdf/port7.pdf>. Acesso em: 26 jan. 2009.

_____. Portaria n. 107, de 22 de julho de 2004. **Diário Oficial [da] República Federativa do Brasil**, Brasília, 23 jul. 2004c. Disponível em: <http://www.prolei.inep.gov.br/anexo.do?URI=http%3A%2F%2Fwww.ufsm.br%2Fcpd%2Finep%2Fprolei%2FAnexo%2F-2767523290675328797>. Acesso em: 12 out. 2008.

_____. Portaria n. 147, de 2 de fevereiro de 2007. **Diário Oficial [da] República Federativa do Brasil**, Brasília, 5 fev. 2007b. Disponível em: <http://anaceu.org.br/conteudo/legislacao/portarias/2007%20%20Portaria%20MEC%20147%20-%202%20fevereiro.pdf>. Acesso em: 28 jan. 2009.

_____. Portaria n. 1.750, de 26 de outubro de 2006. **Diário Oficial [da] República Federativa do Brasil**, Brasília, 27 out. 2006d.

BRASIL. Ministério da Educação. Portaria n. 1.752, de 30 de outubro de 2006. **Diário Oficial [da] República Federativa do Brasil**, Brasília, 31 out. 2006e. Disponível em: <http://www.cmconsultoria.com.br/legislacao/portarias/2006/por_2006_1752_MEC.pdf>. Acesso em: 29 out. 2009.

_____. Portaria n. 1.850, de 31 de maio de 2005. **Diário Oficial [da] República Federativa do Brasil**, Brasília, 1º jun. 2005d.

Disponível em: <http://portal.mec.gov.br/sesu/arquivos/pdf/DOU/ ports1850e1851-1.pdf>. Acesso em: 12 out. 2008.

_____. Portaria n. 2.051, de 9 de julho de 2004. **Diário Oficial [da] República Federativa do Brasil**, Brasília, 12 jul. 2004d. Disponível em: <http://www.prolei.inep.gov.br/anexo.do?URI=http %3A%2F%2Fwww.ufsm.br%2Fcpd%2Finep%2Fprolei%2FAnexo% 2F5677720468831574984>. Acesso em: 6 nov. 2008.

_____. Portaria n. 3.160, de 13 de setembro de 2005. **Diário Oficial [da] República Federativa do Brasil**, Brasília, 14 set. 2005e. Disponível em: <portal.mec.gov.br/sesu/arquivos/pdf/DOU/port3160.pdf>. Acesso em: 12 out. 2008.

_____. Portaria n. 4.361, de 29 de dezembro de 2004. **Diário Oficial [da] República Federativa do Brasil**, Brasília, 29 dez. 2004e. Disponível em: <http://www.prolei.inep.gov.br/anexo. do?URI=http%3A%2F%2Fwww.ufsm.br%2Fcpd%2Finep%2Fprolei %2FAnexo%2F-3821708119134694221>. Acesso em: 6 nov. 2008.

_____. Portaria Normativa n. 2, de 10 de janeiro de 2007. **Diário Oficial [da] República Federativa do Brasil**, Brasília, 11 jan. 2007c. Disponível em: <http://portal.mec.gov.br/sesu/arquivos/pdf/pdi/ port%20normativa%20n2%20de%2010%20de%20janeiro%20de%20 2007.pdf>. Acesso em: 27 jan. 2009.

BRASIL. Ministério da Educação. Comissão Nacional de Avaliação do Ensino Superior. Instituto Nacional de Estudos e Pesquisas Educacionais Anísio Teixeira. **Avaliação externa de instituições de educação superior**: diretrizes e instrumentos. 2005f. Disponível em: <www.inep.gov.br/download/superior/2005/avaliacao_institicional/ avaliacao_institucional_externa_8102005.pdf>. Acesso em: 26 jan. 2009.

BRASIL. Ministério da Educação. Comissão Nacional de Avaliação do Ensino Superior. Sistema Nacional de Avaliação do Ensino Superior. **Orientações gerais para o roteiro da autoavaliação das instituições.** 2004f. Disponível em: <http://www.inep.gov.br/download/superior/sinaes/orientacoes_sinaes.pdf>. Acesso em: 26 jan. 2009.

BRASIL. Ministério da Educação. Conselho Nacional de Educação. Parecer n. 1, de 4 de setembro de 2002a. **Diário Oficial [da] República Federativa do Brasil**, Brasília, 25 mar. 2002. Disponível em: <http://portal.mec.gov.br/cne/arquivos/pdf/CEB01_2002.pdf>. Acesso em: 12 out. 2008.

_____. Parecer n. 5, de 21 de fevereiro de 2005. **Diário Oficial [da] República Federativa do Brasil**, Brasília, 11 abr. 2006f. Disponível em: <http://portal.mec.gov.br/cne/arquivos/pdf/pcp003_06.pdf>. Acesso em: 27 jan. 2009.

_____. Parecer n. 9, de 8 de maio de 2001. **Diário Oficial [da] República Federativa do Brasil**, Brasília, 18 jan. 2002b. Disponível em: <http://www.uems.br/proe/sec/Parecer%20CNE-CP%20009-2001.pdf>. Acesso em: 27 jan. 2009.

_____. Parecer n. 28, de 6 de agosto de 2001. **Diário Oficial [da] República Federativa do Brasil**, Brasília, 25 abr. 2002c. Disponível em: <http://portal.mec.gov.br/cne/arquivos/pdf/pceb28_01.pdf>. Acesso em: 28 jan. 2009.

BRASIL. Conselho Nacional de Educação. Parecer n. 282, de 4 de setembro de 2002. **Diário Oficial [da] República Federativa do Brasil**, Brasília, 21 out. 2002d. Disponível em: <http://portal.mec.gov.br/cne/arquivos/pdf/pces0282_02.pdf>. Acesso em: 12 out. 2008.

BRASIL. Parecer n. 968, de 17 de dezembro de 1998. **Diário Oficial [da] República Federativa do Brasil**, Brasília, 23 dez. 1998b. Disponível em: <http://portal.mec.gov.br/cne/arquivos/pdf/1998/pces968_98.pdf>. Acesso em: 28 jan. 2009.

_____. Resolução n. 1, de 26 de fevereiro de 1997. **Diário Oficial [da] República Federativa do Brasil**, Brasília, 5 mar. 1997c. Disponível em: <http://www.prolei.inep.gov.br/anexo.do?URI=http%3A%2F%2Fwww.ufsm.br%2Fcpd%2Finep%2Fprolei%2FAnexo%2F-182324102570706787>. Acesso em: 6 nov. 2008.

_____. Resolução n. 1, de 3 de abril de 2001. **Diário Oficial [da] República Federativa do Brasil**, Brasília, 9 abr. 2001c. Disponível em: <http://portal.mec.gov.br/sesu/arquivos/pdf/Resolucoes/ces0101.pdf>. Acesso em: 27 jan. 2009.

_____. Resolução n. 1, de 18 de fevereiro de 2002. **Diário Oficial [da] República Federativa do Brasil**, Brasília, 9 de abr. 2002e. Disponível em: <http://www.proacad.ufpe.br/dde/diretrizes_curriculares/0102formprof.doc>. Acesso em: 27 jan. 2009.

_____. Resolução n. 1, de 15 de maio de 2006. **Diário Oficial [da] República Federativa do Brasil**, Brasília, 16 maio 2006g. Disponível em: <http://www.fesp.rj.gov.br/fesp_2007/concursos/educacao2008/rcp01_06.pdf>. Acesso em: 27 jan. 2009.

BRASIL. Conselho Nacional de Educação. Resolução n. 2, de 26 de junho de 1997. **Diário Oficial [da] República Federativa do Brasil**, Brasília, 15 jul. 1997d. Disponível em: <http://portal.mec.gov.br/cne/arquivos/pdf/rcp002_97.pdf>. Acesso em: 28 jan. 2009.

_____. Resolução n. 2, de 19 de fevereiro de 2002. **Diário Oficial [da] República Federativa do Brasil**, Brasília, 4 mar. 2002f. Disponível em: <http://portal.mec.gov.br/cne/arquivos/pdf/CP022002.pdf>. Acesso em: 27 jan. 2009.

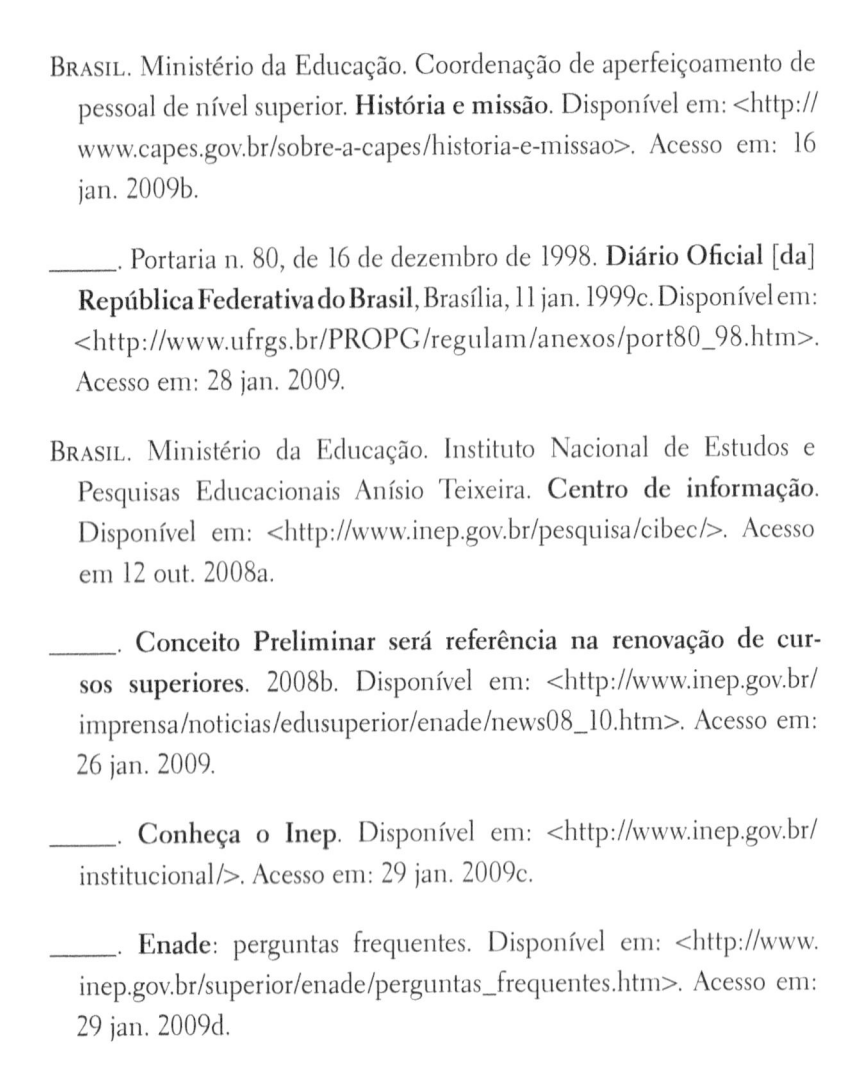

BRASIL. Ministério da Educação. Coordenação de aperfeiçoamento de pessoal de nível superior. **História e missão**. Disponível em: <http://www.capes.gov.br/sobre-a-capes/historia-e-missao>. Acesso em: 16 jan. 2009b.

_____. Portaria n. 80, de 16 de dezembro de 1998. **Diário Oficial [da] República Federativa do Brasil**, Brasília, 11 jan. 1999c. Disponível em: <http://www.ufrgs.br/PROPG/regulam/anexos/port80_98.htm>. Acesso em: 28 jan. 2009.

BRASIL. Ministério da Educação. Instituto Nacional de Estudos e Pesquisas Educacionais Anísio Teixeira. **Centro de informação**. Disponível em: <http://www.inep.gov.br/pesquisa/cibec/>. Acesso em 12 out. 2008a.

_____. **Conceito Preliminar será referência na renovação de cursos superiores**. 2008b. Disponível em: <http://www.inep.gov.br/imprensa/noticias/edusuperior/enade/news08_10.htm>. Acesso em: 26 jan. 2009.

_____. **Conheça o Inep**. Disponível em: <http://www.inep.gov.br/institucional/>. Acesso em: 29 jan. 2009c.

_____. **Enade**: perguntas frequentes. Disponível em: <http://www.inep.gov.br/superior/enade/perguntas_frequentes.htm>. Acesso em: 29 jan. 2009d.

BRASIL. Ministério da Educação. Programa Universidade Para Todos. **O programa**. Disponível em: <http://portal.mec.gov.br/prouni/index.php?option=com_content&task=view&id=124&Itemid=140>. Acesso em: 12 out. 2008c.

BRASIL. Ministério da Educação. Sistema Integrado de Informações da Educação Superior. **Formas de acesso.** Disponível em: <http://www.educacaosuperior.inep.gov.br/formas_acesso.stm>. Acesso em: 29 jan. 2009e.

_____. **O sistema de educação superior.** Disponível em: <http://www.educacaosuperior.inep.gov.br/educacao_superior.stm>. Acesso em: 21 jan. 2009f.

_____. **Os tipos de cursos e de diplomas.** Disponível em: <http://www.educacaosuperior.inep.gov.br/tipos_de_curso.stm>. Acesso em: 21 jan. 2009g.

BRASIL. **Programa PBQP – Programa Brasileiro de Qualidade e Produtividade.** Disponível em: <http://www.abrasil.gov.br/nivel3/index.asp?id=182&cod=BUSCA>. Acesso em: 15 jan. 2009h.

BRZEZINSKI, I. (Org.). **LDB interpretada**: diversos olhares se entrecruzam. São Paulo: Cortez, 2001.

BURGUESIA. In: HOUAISS, A.; VILLAR, M. de S. **Dicionário Houaiss da língua portuguesa 1.0.** Rio de Janeiro: Objetiva, 2001. 1 CD-ROM.

CAMPOS, R. F. Do professor reflexivo ao professor competente: os caminhos da reforma da formação de professores no Brasil. In: MORAES, M. C.; PACHECO, J. A.; EVANGELISTA, M. O. (Org.). **Formação de professores perspectivas educacionais e curriculares.** Porto: Porto, 2003.

CASASSUS, J. Onze dilemas com que se defrontam os estudos internacionais. In: SEMINÁRIO INTERNACIONAL DE AVALIAÇÃO EDUCACIONAL, 1997, Rio e Janeiro. **Anais...** Rio de Janeiro: Inep, 1998.

CHAUI, M. **Escritos sobre a universidade**. São Paulo: Ed. da Unesp, 2001.

COELHO, M. **Regime de 64 sonhou capitalismo sem riscos**: governos militares introduziram um sistema de crescimento econômico à força com o movimento de 31 de março. 1994. Disponível em: <http://almanaque.folha.uol.com.br/ditadura_1abr1994_marcelo_coelho.htm>. Acesso em: 27 fev. 2009.

CONTRERAS, J. **A autonomia de professores**. São Paulo: Cortez, 2002.

CUNHA, L. A. Ensino superior e universidade no Brasil. In: LOPES, E. M. T. et al. **500 anos de educação no Brasil**. Belo Horizonte: Autêntica, 2000.

_____. O ensino superior no octênio FHC. **Educação & Sociedade**, Campinas, v. 24, n. 82, p. 37-61, abr. 2003. Disponível em: <http://www.scielo.br/scielo.php?script=sci_pdf&pid=S010173302003000100003&lng=en&nrm=iso&tlng=pt>. Acesso em: 29 jan. 2009.

CURY, C. R. J. **LDB**: Lei de Diretrizes e Bases da educação – Lei 9.394/96. Rio de Janeiro: DP&A, 2003.

DIAS SOBRINHO, J. **Dilemas da educação superior no mundo globalizado**: sociedade do conhecimento ou economia do conhecimento. São Paulo: Casa do Psicólogo, 2005.

DOWBOR, L. Educação tecnologia e desenvolvimento. In: BRUNO, L. (Org.). **Educação e trabalho no capitalismo contemporâneo**: leituras selecionadas. São Paulo: Atlas, 1996.

DURHAM, E. R. A política para o ensino superior brasileiro ante o desafio do novo século. In: CATANI, A. M. (Org.). **Novas perspectivas** nas políticas de educação superior na América Latina no limiar do século XXI. Campinas: Autores Associados, 1998.

FERRETTI, C. J. Diferentes olhares sobre as relações trabalho e educação no Brasil nos anos recentes. In: LOMBARDI, J. C. et al. (Org.). **Capitalismo, trabalho e educação.** Campinas: Autores Associados, 2002.

FIGUEIREDO, E. S. A. de. Reforma do ensino superior no Brasil: um olhar a partir da história. **Revista da UFG**, Goiânia, ano 7, n. 2, dez. 2005.

FREITAS, H. C. L. de. A reforma do ensino superior no campo da formação dos profissionais da educação básica: as políticas educacionais e o movimento dos educadores. **Educação & Sociedade**, Campinas, ano 20, n. 68, 1999. Disponível em: <http://www.scielo.br/scielo. php?script=sci_pdf&pid=S0101-73301999000300002&lng=pt&nrm=iso&tlng=pt>. Acesso em: 6 nov. 2008.

FRIZZO, M. N. As políticas públicas e a formação de professor. In: BONETI, L. W. **Educação, exclusão e cidadania.** Ijuí: Ed. da Unijuí, 2003.

GHEDIN, E. Professor reflexivo: da dimensão da técnica à autonomia da crítica. In: PIMENTA; S. G.; GHEDIN, E. (Org.). **Professor reflexivo no Brasil**: gênese e crítica de um conceito. São Paulo: Cortez, 2002. p. 129-150.

GHEDIN, E.; ALMEIDA, M. I. de; LEITE, Y. U. F. **Formação de professores**: caminhos e descaminhos. Brasília: Líber Livro, 2008.

GHIRALDELLI JÚNIOR, P. **História da educação.** 2. ed. rev. São Paulo: Cortez, 1994.

GIROUX, H. A. **Os professores como intelectuais**: rumo a uma pedagogia crítica da aprendizagem. Porto Alegre: Artes Médicas, 1997.

HADDAD, F. **Ministro divulga resultados do Enade e novo sistema de avaliação**. 2008. Pronunciamento do Ministro de Estado da Educação Fernando Haddad em relação ao Enade 2007. Disponível em: <http://portal.mec.gov.br/index.php?option=com_content&task=view&id=11013>. Acesso em: 21 jan. 2009.

HARVEY, D. **Condição pós-moderna**: uma pesquisa sobre as origens da mudança cultural. 13. ed. São Paulo: Loyola, 2004.

HILSDORF, M. L. S. **História da educação brasileira**: leituras. São Paulo: Thomson, 2002.

HISTÓRIA DA EDUCAÇÃO NO BRASIL. Disponível em: <http://www.pedagogiaemfoco.pro.br/heb07.htm>. Acesso em: 12 fev. 2009.

INFOCAPES. Brasília: Capes, v. 4, n. 4, 1996.

INSTITUTO TECNOLÓGICO DE AERONÁUTICA. **Biblioteca digital do ITA**. Disponível em: <http://www.bd.bibl.ita.br/Apresentacao.htm>. Acesso em: 16 jan. 2009.

KUENZER, A. Z. As mudanças no mundo do trabalho e a educação: novos desafios para a gestão. In: ENCONTRO NACIONAL DE DIDÁTICA E PRÁTICA DE ENSINO, 9., 1998, Águas de Lindóia, SP. **Anais...** Águas de Lindóia, 1998.

_____. As políticas de formação: a constituição da identidade do professor sobrante. **Educação & Sociedade**, Campinas, ano 20, n. 68, dez. 1999. Disponível em: <http://www.scielo.br/pdf/es/v20n68/a09v2068.pdf>. Acesso em: 27 jan. 2009.

KUENZER, A. Z. **Pedagogia da fábrica**: as relações de produção e a educação do trabalhador. São Paulo: Cortez, 2002.

LIBÂNEO, J. C. Reflexividade e formação de professores: outra oscilação do pensamento pedagógico brasileiro. In: PIMENTA; S. G.; GHEDIN, E. (Org.). **Professor reflexivo no Brasil**: gênese e crítica de um conceito. São Paulo: Cortez, 2002. p. 51-80.

LIBÂNEO, J. C.; OLIVEIRA, J. F. de; TOSCHI, M. S. **Educação escolar**: estrutura e organização. São Paulo: Cortez, 2003.

_____. **Organização e gestão da escola**: teoria e prática. 5. ed. Goiânia: Alternativa, 2004.

LIBERALISMO. In: UNIVERSIDADE DE SÃO PAULO. **Verbetes de economia política e urbanismo**. Disponível em: <http://www.usp.br/fau/docentes/depprojeto/c_deak/CD/4verb/liberal/index.html>. Acesso em: 14 jan. 2009.

MACHADO, M. C. **Reuni e Prouni ajudam a democratizar acesso à educação superior**. 2009. Disponível em: <http://portal.mec.gov.br/index.php?option=com_content&task=view&id=11941>. Acesso em: 12 fev. 2009.

MONLEVADE, J. A. C. de. Financiamento da Educação na Constituição Federal e na LDB. In: BRZEZINKI, I. (Org.). **LDB interpretada**: diversos olhares se entrecruzam. São Paulo: Cortez, 2001.

NASCIMENTO, O. **Cem anos de ensino profissional no Brasil**. Curitiba: Ibpex, 2007.

NICOLATO, M. A. **A caminho da Lei 5.540/68**: a participação de diferentes atores na definição da reforma universitária. Belo Horizonte: Ed. da UFMG, 1988.

Novais, F. A. **Estrutura e dinâmica do antigo sistema colonial**: séculos XVI-XVIII. 2. ed. São Paulo: Brasiliense, 1975.

Oliveira, D. A. Políticas educacionais nos anos 1990: educação básica e empregabilidade. In: Dourado, L. F. D.; Paro, V. H. **Políticas públicas & educação básica**. São Paulo: Xamã, 2001.

Organização das Nações Unidas para a Educação, a Ciência e a Cultura. **Declaração mundial sobre educação superior no século XXI**: visão e ação. 1998. Disponível em: <http://www.interlegis.gov.br/processo_legislativo/copy_of_20020319150524/20030620161930/20030623111830>. Acesso em: 6 nov. 2008.

_____. Informe final. In: Reunión Del Comité Regional Intergubernamental del proyeto principal de educacíon em america latina y el caribe, 6., reunión de ministros de educacíon de america latina y el caribe. 7., 1996, Santiago. **Anais...** Santiago: Unesco, 1996.

Pimenta, S. G. Formação de professores: saberes e identidade da docência. In: _____. (Org.). **Saberes pedagógicos e atividade docente**. São Paulo: Cortez, 1999.

Pimenta; S. G.; Ghedin, E. (Org.). **Professor reflexivo no Brasil**: gênese e crítica de um conceito. São Paulo: Cortez, 2002.

Prado Júnior, C. **História econômica do Brasil**. São Paulo: Brasiliense, 1969.

Radiobrás. **Ciência, tecnologia & meio ambiente**. Disponível em: <http://www.radiobras.gov.br/ct/1996/materia_271296_1.htm>. Acesso em: 27 jan. 2009.

RANIERI, N. B. **Educação superior, Direito e Estado na Lei de Diretrizes e Bases (Lei nº 9.394/96)**. São Paulo: Ed. da USP, 2000.

REIS FILHO, C. dos. **A educação e a ilusão liberal**. São Paulo: Cortez, 1981.

RIBEIRO, M. L. S. **História da organização brasileira**: a organização escolar. Campinas: Autores Associados, 2003. (Coleção Memória da Educação).

ROMANOWSKI, J. P. **Formação e profissionalização docente**. 3. ed. Curitiba: Ibpex, 2007.

ROTHEN, J. C. Os bastidores da reforma universitária de 1968. **Educação & Sociedade**, Campinas, v. 29, n. 103, maio/ago. 2008. Disponível em: <http://www.scielo.br/scielo.php?script=sci_arttext&pid=S0101-73302008000200008&lng=es&nrm=iso&tlng=es>. Acesso em: 27 jan. 2009.

SANDER, B. **Administração da educação no Brasil**: genealogia do conhecimento. Brasília: Líber Livro, 2007.

SANDRONI, P. **Dicionário de Economia**. São Paulo: Best Seller, 1989.

SAVIANI, D. **Da nova LDB ao Plano Nacional de Educação**: por uma outra política educacional. Campinas: Autores Associados, 1998.

_____. **Política e educação no Brasil**: o papel do congresso nacional na legislação do ensino. Campinas: Autores Associados, 1999.

_____. Trabalho como princípio educativo frente às novas tecnologias. In: FERRETTI, C. J. et al. (Org.). **Novas tecnologias trabalho e educação**: um debate multidisciplinar. Rio de Janeiro: Vozes, 1994. p. 147-164.

SHIROMA, E. O.; MORAES, M. C.; EVANGELISTA, O. **Política educacional**. Rio de Janeiro: Moderna, 2003.

SILVA JÚNIOR, J. dos R.; SGUISSARDI, V. **Novas faces da educação superior no Brasil**. 2. ed. São Paulo: Cortez, 2001.

SISTEMA. In: FERREIRA, A. B. DE H. **Dicionário Aurélio da Língua Portuguesa**. Rio de Janeiro: Nova Fronteira, 1999.

TEDESCO, J. C. **O novo pacto educativo**: educação, competitividade e cidadania na sociedade moderna. São Paulo: Ática, 1998.

TEIXEIRA, A. O manifesto dos pioneiros da educação nova. **Revista Brasileira de Estudos Pedagógicos**, Brasília, v. 65, n. 150, maio/ago. 1984. p. 407-425. Disponível em: <http://www.bvanisioteixeira.ufba.br/artigos/mapion.htm>. Acesso em: 26 mar. 2009.

UNIVERSIDADE FEDERAL DE SANTA CATARINA. Agência de Comunicação. **Maior evento científico da América Latina será oficialmente lançado na UFSC**. 2005. Disponível em: <http://www.agecom.ufsc.br/index.php?secao=arq&id=3287>. Acesso em: 16 jan. 2009.

VEIGA, I. P. A.; AMARAL, A. L. **Formação de professores**: políticas e debates. Campinas: Papirus, 2002.

VIEIRA, E. **Estado e miséria social no Brasil**: de Getúlio a Geisel. 4. ed. São Paulo: Cortez, 1995.

VIEIRA, S. L. **Política educacional em tempos de transição**. (1985--1995). Brasília: Plano, 2000.

VIEIRA, S. L.; FARIAS, I. M. S. de. **Política educacional no Brasil**. introdução histórica. Brasília: Plano, 2003.

XAVIER, M. E.; RIBEIRO, M. L.; NORONHA, O. M. **História da educação**: a escola no Brasil. São Paulo: FTD, 1994.

ZOCCOLI, M. M. de S. **As relações entre as transformações do mundo do trabalho, as políticas educacionais e a formação de professores**. 2005. 144 f. Dissertação (Mestrado em Educação) – Pontifícia Universidade Católica do Paraná, Curitiba, 2005.

Bibliografia comentada

ROMANOWSKI, J. P. **Formação e profissionalização docente.** 3. ed. Curitiba: Ibpex, 2007.

> *Esse livro discorre de forma bastante agradável sobre formação de professores na sociedade atual. Questiona a formação desse profissional para atender aos desafios não só da sociedade e, justamente por isso, convida a uma reflexão sobre qual a identidade desse profissional. Ele faz sempre a relação da formação de professores com as políticas educacionais e a necessidade da formação continuada.*

SILVA JÚNIOR, J. dos R.; SGUISSARDI, V. **Novas faces da educação superior no Brasil**. 2. ed. São Paulo: Cortez, 2001.

Esse livro fala sobre a legislação do ensino superior, a avaliação institucional com bases no processo de liberalização econômica na perspectiva das interferências dos organismos internacionais (BM, Bird e FMI) nas políticas públicas onde se inserem as políticas educacionais. A época analisada pelos autores refere-se basicamente ao governo de Fernando Henrique Cardoso.

DIAS SOBRINHO, J. **Dilemas da educação superior no mundo globalizado**: sociedade do conhecimento ou economia do conhecimento. São Paulo: Casa do Psicólogo, 2005.

Esse livro discute o ensino superior na atualidade. Considera a incerteza dos tempos atuais no intercruzamento dos problemas educacionais com a crise de valores, a liberdade intelectual e moral, bem como o desenvolvimento da reflexão na formação do cidadão.

BRZEZINSKI, I. (Org.). **LDB interpretada**: diversos olhares se entrecruzam. São Paulo: Cortez, 2001.

Os autores desse livro discutem a LDBEN n° 9.394/1996 na relação com a sociedade do conhecimento e da revolução tecnológica. Apesar de reconhecerem alguns avanços da referida lei, fazem enormes críticas a ela. Um livro bastante atual que leva a refletir sobre o que queremos para a educação. Além disso, reforça a concepção de que todos os professores devem estar imbuídos no agir diante das imposições políticas na medida em que além das críticas apontam algumas sugestões para a qualidade na educação.

BEHRENS, M. A. **Formação continuada de professores e a prática pedagógica**. Curitiba: Champagnat, 1996.

Convida os professores da pós-graduação a serem professores reflexivos. Busca informar sobre a importância da relação professor/aluno, pensa a prática pedagógica no coletivo e na experiência de cada sujeito.

Gabarito

Capítulo 1

Atividades de Autoavaliação

1. b
2. c
3. c
4. c
5. a

Questões para Reflexão

1. Sugerimos que ao refletir sobre esse tópico você leve em consideração as influências exercidas pelas diversas filosofias e movimentos oriundos da Europa no desenvolvimento do pensamento brasileiro, ou seja, os parâmetros cuja origem se encontra nas diretrizes da Igreja, nos postulados do feudalismo, do ideário liberal, do capitalismo, do positivismo, do marxismo, da globalização; bem como os fatores sociais e econômicos presentes no percurso histórico da formação da nação brasileira. Afinal, foram esses os aspectos que acabaram por estruturar as políticas educacionais.
2. Resposta pessoal.

Capítulo 2

Atividades de Autoavaliação

1. d
2. c
3. b
4. d
5. d

Questões para Reflexão

1. Resposta pessoal.
2. Resposta pessoal.
3. Para as reflexões das questões dessa atividade, temos como sugestão de respostas:
    a. Sugerimos que se desenvolva uma retrospectiva da influência do setor econômico, considerando a necessidade de mão de obra especializada para determinadas áreas de produção e a

implantação de políticas educacionais voltadas para o desenvolvimento de cursos técnicos.
b. Sugerimos que analise a reação da Igreja Católica ao Manifesto dos Pioneiros, expressa claramente na CCBE. Quais os pontos centrais de discordância da Igreja e o quanto isso interferiu nas propostas inovadoras.
c. Sugerimos que você pesquise sobre esse assunto, isto é, há ou houve algum momento em que as políticas educacionais favoreceram a fixação do homem na área rural? Quais os motivos para essa preocupação?

Capítulo 3

Atividades de Autoavaliação

1. d
2. a
3. d
4. c
5. c

Questões para reflexão

1. Para as reflexões das questões dessa atividade, temos como sugestão de respostas:
   a. Os órgãos administrativos na esfera federal são o MEC e o CNE, já na estadual são as SEE, os CEE e as DRE, enquanto no âmbito municipal são as SME e os CME.
   b. Baseia-se no disposto na Constituição Federal de 1988 e na LDBEN n° 9.394/1996.
   c. A base do ensino no Brasil está organizada da seguinte maneira, conforme o art. 211 da CF de 1988: o governo municipal é

responsável pelo ensino fundamental; o governo estadual e o Distrito Federal são responsáveis pelo ensino médio; a União fica responsável de garantir a equalização de oportunidades educacionais e padrão mínimo de qualidade de ensino mediante à assistência técnica e financeira aos estados, Distrito Federal e municípios.
4. Resposta pessoal.
5. Resposta pessoal. Sugerimos que fundamente sua resposta em suas observações e em pesquisas e/ou artigos e reportagens.

Capítulo 4

Atividades de Autoavaliação

1. d
2. b
3. c
4. a
5. c

Questões para Reflexão

1. Resposta pessoal.
2. Resposta pessoal.

Capítulo 5

Atividades de Autoavaliação

1. c
2. b
3. b

4. a
5. b

Questões para Reflexão

1. Resposta pessoal. Sugerimos que faça uma análise crítica sobre essa concepção e as condições de acesso ao ensino universitário no Brasil.
2. Resposta pessoal. Você deve fazer uma paráfrase do texto, como, por exemplo: "A nossa identidade profissional é constituída em processos de contínuas transformações na busca por uma atitude reflexiva e crítica de nossa atuação e formação; e a compreensão dessa dinâmica é urgente".
3. Para as reflexões das questões dessa atividade, temos como sugestão de respostas:
    a. Há uma base de colaboração entre os sistemas de ensino das distintas esferas do Estado, sendo permitido ao setor privado a atuação nessa atividade uma vez que esteja em conformidade com os parâmetros estabelecidos por lei. E, nesse panorama, é possível observar, ao longo do percurso de evolução da educação no Brasil, o atrelamento das políticas educacionais com o poder econômico, inclusive sob a orientação de organismos internacionais. Assim, a educação passa a ter um papel funcional: servir ao desenvolvimento econômico em oposição ao desenvolvimento cultural e humanitário.
    b. Resposta pessoal. Sugerimos que faça uma análise crítica sobre essa concepção e as condições de acesso ao ensino universitário no Brasil.
    c. Resposta pessoal. Sugerimos que pesquise, analise e pondere sobre o assunto antes de responder.

Nota sobre a autora

Marilise Monteiro de Souza Zoccoli é formada em Pedagogia com habilitação em Administração Escolar pela Universidade Positivo (2000). Fez pós-graduação em Docência do Ensino Superior pela Universidade Metodista de Piracicaba – Unimep (2002). Em 2003, ingressou no mestrado em Educação da Pontifícia Universidade Católica do Paraná – PUCPR, na linha de pesquisa de Políticas Públicas, Gestão e Formação de Professores. Foi representante, no colegiado, dos alunos do mestrado no período de 2003-2004 e bolsista da Coordenação de Aperfeiçoamento de Pessoal de Nível Superior – Capes. Atuou como professora titular no curso Normal Superior e na coordenação do Programa de Extensão no Instituto de Ensino, Pesquisa e Extensão – Isepe, *campus* Guaratuba (2003-2004).

Atua, desde 2004, como professora titular no curso de Pedagogia e como docente em cursos de pós-graduação, nível especialização, em instituições na cidade de Curitiba, tendo sido responsável pelo programa de extensão, atualmente está na coordenação do referido curso na Faculdade de Campina Grande do Sul – Facsul.

Por meio do trabalho voluntário e solidário, ocupa desde 2006 a função de diretora estadual da Associação Nacional de Políticas e Administração da Educação – Anpae.

Os papéis utilizados neste livro, certificados por instituições ambientais competentes, são recicláveis, provenientes de fontes renováveis e, portanto, um meio responsável e natural de informação e conhecimento.

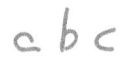

FSC
www.fsc.org
MISTO
Papel produzido a partir de fontes responsáveis
FSC® C103535

Impressão: Reproset
Agosto/2021